SOFIA MAY

DIE 5 SÄULEN DER LEBENSFREUDE

WIE SIE AB SOFORT STARKE GLÜCKSGEFÜHLE UND POSITIVES DENKEN ENTWICKELN UND ZU EINEM RUNDUM GLÜCKLICHEN UND ZUFRIEDENEN LEBEN FINDEN

(INKL. ÜBUNGEN & WORKBOOK)

INHALT

Einleitung

Was sind die Säulen der Lebensfreude? Das soll dir dieser Ratgeber zeigen. Erlerne einfache Techniken, mit denen du deine Lebensfreude langfristig steigern kannst, und finde wieder zu dir selbst und zu deinem Glück.

In diesem Ratgeber bekommst du praktische Übungen an die Hand, mit denen du sofort, einfach und individuell die angesprochenen Bereiche verbessern und reflektieren kannst. Die Übungen sind in Schritte oder in Tipps eingeteilt und können querbeet angewendet und ausprobiert werden.

Da das Thema der Lebensfreude ein sehr weitgefächertes ist, werden in diesem Buch viele unterschiedliche Themenbereiche angesprochen und beleuchtet. Versuche, die Kapitel deswegen gut und in Ruhe zu lesen, und mache bei den Übungen mit, auch wenn sie dir zunächst überflüssig erscheinen.

Viel Freude beim erneuten Entdecken deiner Lebensfreude!

Wenn die Lebensfreude fehlt

Es gibt Zeiten im Leben eines jeden Menschen, in denen es schwerfällt, optimistisch zu sein oder zu bleiben. Jede Hoffnung scheint verloren und der Tagesablauf, den man sich mit Mühe erarbeitet hat, ist nun nur noch eine einzige Qual, durch die man sich jeden Tag durchschleppen muss.

Wenn einem die Lebensfreude fehlt, scheint die Welt einem in grauen Farben zu begegnen und die Zukunft, wenn man überhaupt an sie denkt, finster. Oft sind Menschen auch dazu geneigt, nur an ihrer Vergangenheit zu hängen und sich nur auf erlebte Niederlagen zu fokussieren. Wenn man einmal in diese Endlosschleife der Depression gelangt ist, ist es schwer, sich wieder aus ihr zu befreien. Neue Ziele, wenn sie denn gefasst werden, scheinen unmöglich realisierbar. Der Sinn des Lebens ist nicht mehr zu erfassen und alles um einen herum scheint nicht zu funktionieren.

Glücklich zu sein, ist dann in Frage gestellt. Wenn die Lebensfreude fehlt und der Sinn des Lebens einfach nicht begriffen wird, scheint auch die Hoffnung zu verschwinden. Doch was wichtig zu begreifen ist, ist, dass man selbst etwas gegen die Misere tun kann und selbst das Ruder in der Hand hat, mit dem es nach vorn gehen kann.

In diesem Ratgeber erhältst du praxisnahe Tipps, wie du deine Lebensfreude maximieren und lernen kannst, wieder Lust am Leben zu haben. Erfahre, was dein Leben für einen Sinn hat und wie du es schaffst, die Welt wieder in allen hellen Farben zu sehen, in denen du sie früher gesehen hast. Um den maximalen Nutzen aus diesem Buch zu ziehen, mache die Übungen in den nun folgenden Kapiteln offen und ehrlich mit. Habe während des Lesens dieses Buches auch einen Zettel und einen Stift parat, um eventuell Dinge aufzumalen, Listen zu erstellen oder dir Notizen zu machen.

Wie man seine Lebensfreude wieder zurückgewinnt

Es scheint nicht nur schwierig, sondern schier unmöglich, seine Lebensfreude wieder aufleben zu lassen. Besonders dann, wenn die Phase der Unlust und der roboterartigen Abarbeitung aller Verpflichtungen so lange angehalten hat. Zu diesem Zweck erhältst du in diesem Buch Schritt-für-Schritt-Tipps, mit denen du deinen inneren Schweinehund besiegen kannst, die Depression bekämpfst und den Sinn des Lebens wieder neu entdeckst.

Jedes der nun folgenden Kapitel enthält eine theoretische Phase, in welcher du dich mit deinen aktuellen Gefühlen konfrontierst, und darauf folgt eine praktische Phase, in welcher du eine neue Verhaltensweise oder Art zu denken kennenlernst und verinnerlichen sollst.

Die Konfrontation mit der aktuellen Situation passiert automatisch. Du musst nicht viel tun, um dich an deine eigenen Gefühle zu erinnern und deine eigenen Verhaltensweisen zu reflektieren. Diese sind besonders prominent, wenn man sich in einer Sinn-Krise befindet. Man wird bei jeder Bewegung an die Schwere erinnert, bei jedem Gespräch mit anderen an die Hoffnungslosigkeit und an alle unfairen Dinge, durch die man selbst leidet.

TIPPS ZUR KONFRONTATION MIT DER AKTUELLEN GEMÜTSLAGE

Gefühle sind tief in uns und wir Menschen neigen dazu, mit ihnen zu verschmelzen, wenn wir nicht aufpassen. Das kann schön sein, wenn es sich um Glück, Freude oder Hoffnung handelt, ist aber umso schmerzhafter, wenn das Gefühl negativ ist. Es ist natürlich, Gefühle zu haben, und auf gar keinen Fall schlecht. Seine Gefühle zuzulassen, ist ein wichtiger Teil davon, sich selbst zu verändern und wieder neue Hoffnung zu fassen. Seine Gefühle zu ignorieren, führt immer dazu, dass sie sich trotzdem äußern, trotzdem da sind und nicht weggehen. Ignoriert man Gefühle, so gibt man ihnen nur noch mehr Macht. Besonders negative Emotionen finden es nicht gut, ignoriert zu werden, da sie ein Zeichen dafür sind, dass sich etwas ändern muss. Doch die andere Seite der Gefühle ist, dass man sich leicht in sie hineinsteigern kann. Besonders, wenn es sich um unangenehme Gefühle handelt, verliert man nach einer Zeit die Kontrolle. Man versinkt und geht in seinen Gefühlen unter. Um dies zu vermeiden, gibt es eine Technik der Meditation, bei der man sich von Gedanken und Gefühlen aktiv distanziert.

Wenn du während des Lesens dieses Buches ein negatives Gefühl in deinem Bewusstsein entdeckst, wende dich nicht von diesem ab: Schaue es dir kurz an und stelle fest: „Ah, da ist ein Gefühl." Bewerte es nicht und scheuche es nicht davon. Halte es kurz in deiner Hand und lasse es dann weitergleiten. Kommt das Gefühl oder ein ähnliches nach einer Zeit wieder, nimm es dir wieder kurz zur Hand und sage erneut: „Ah, da ist ein Gefühl."

Auch Gedanken, die besonders mächtig in Form von Gedankenkreiseln sind, können so behandelt werden. Verwende die gleiche Taktik und schaue dir den Gedanken kurz auf neutrale Art und Weise an. „Ah, da ist ein Gedanke." Danach lasse ihn wieder los und lasse ihn gehen.

TIPPS ZUR ANGEWÖHNUNG NEUER VERHALTENS- UND DENKWEISEN

Die folgenden Kapitel enthalten nützliche Tipps zur Erweckung der Lebensfreude. Diese Schritt-für-Schritt-Anleitungen, die dir dabei helfen sollen, dich zu orientieren, sind meist langfristig ausgerichtet. Zwar wirst du auch kurzfristig wirkungsvolle Anleitungen zur Veränderung deines Denkens und Verhaltens bekommen, jedoch ist es wichtig zu wissen, dass nicht jede Übung sofort Früchte trägt. Es kann deswegen sein, dass es Stunden, Tage oder sogar eine Woche dauert, bis das Gelesene und Geübte sitzt, verstanden wird und von dir selbst umgesetzt werden kann.

Verzage hier nicht: Sich neue Denk- und Verhaltensweisen anzugewöhnen, ist keine leichte Aufgabe. Wir fordern unser Gehirn in diesem Moment auf, alle bisherigen Muster, die als schädlich gesehen werden, aufzulösen und von jetzt auf gleich neue zu formen. Das Gehirn braucht jedoch eine Weile, um alle Stecker zu ziehen und die verstaubten Kabel zu sortieren. Gib deinem Gehirn diese Zeit und erinnere dich immer wieder an die neu gelernten Denk- und Verhaltensmuster. Auch, wenn du sie zunächst nicht selbst glaubst oder umsetzen kannst: Gib nicht auf und warte darauf, dass dein Gehirn die neuen Kabel angeschlossen hat.

Den Sinn im Leben und in Aktivitäten sehen

Wir Menschen haben genügend Energie, um jeden Tag aufzustehen, Frühstück zu machen, uns zu duschen, zur Arbeit zu fahren, den ganzen Tag zu arbeiten und abends auch noch schnell zu Hause Staub zu saugen. Aber nach einer Weile werden diese Aufgaben schwerer zu erledigen. Der Ablauf, der uns vorher half, alles im Griff zu haben und unter Kontrolle zu behalten, zwingt uns nun in die Knie. Alles scheint keinen Sinn zu haben.

Menschen verwenden die Energie, die sie zur täglichen Erledigung aller Verpflichtungen aufbringen, nämlich nicht automatisch. Sie brauchen einen Antrieb und eine Motivation. Diese ist im Rahmen der Abarbeitung eines Alltags schwerer und schwerer zu finden. Zunächst steckt eine einfache Motivation hinter dem Ausführen der alltäglichen Aktivitäten: Das Ziel ist es, die Aufgaben zu erledigen und alles an einem Tag zu schaffen. Die Motivation dahinter ist also sehr direkt und praktisch: Ich muss das alles heute schaffen, deswegen fange ich gleich mal an.

Zur Arbeit geht man, um mit dem Geld Essen und andere lebensnotwendige Dinge zu kaufen, und zu Hause saugt man Staub, weil man nicht im Schmutz leben will. An diese Motivationen denken jedoch nicht alle, wenn sie tagtäglich das Haus bei stürmischem Wetter verlassen und erst abends, wenn es dunkel ist, wieder nach Hause kommen. Die Motivation ist vielen nicht bewusst. Die Dinge, die man tut, werden als Notwendigkeiten gesehen: Man hat keine Wahl.

Es muss ja ... Es geht nicht anders ...

Der erste Schritt zur Lebensfreude ist, Sinn hinter seinen Aktivitäten zu sehen. Dieser Sinn kann aus verschiedenen Bereichen kommen. Jedoch kommt der Sinn, den Menschen in ihrer Arbeit oder in ihren Verpflichtungen sehen, meist aus der Liebe zu anderen Menschen und entsteht aus dem Wunsch, den Frieden zu erhalten. Das, was zunächst etwas hoch angesetzt klingt, nämlich den Frieden zu erhalten, ist meist die Motivation hinter vielen Verhaltensweisen und Aktionen des Menschen. Wir weichen auf dem Fußgängerweg aus, entschuldigen uns und lächeln andere an, um den Frieden zu erhalten und um zu zeigen, dass wir weder eine Gefahr sind noch etwas Böses wünschen.

Am einfachsten finden Eltern einen Sinn in ihrem Leben: Sobald ein Kind in die Familie kommt, werden viele Aktivitäten eingestellt, modifiziert oder auf neue Art angegangen. Plötzlich steht man mitten in der Nacht auf, wechselt volle Windeln und putzt das Haus täglich. Und das, ohne viel zu murren, denn man tut es für das Kind und weil man das Kind liebt. Liebe sorgt schnell für viel Energie, Kraft und dafür, dass die langweiligsten oder auch schwersten Aktivitäten angegangen werden.

WIE ES NICHT FUNKTIONIERT

Es gibt einige Arten, wie man den Weg zum Sinn nicht finden kann. Es ist wichtig zu erkennen, was man bis jetzt getan hat, um den Sinn doch finden zu können. Nicht sinnvoll erscheint beispielsweise, dass man arbeiten geht, um Geld zu bekommen. Das klingt zwar zunächst nicht verkehrt, wenn man das Geldverdienen auf einige Bereiche ausbreitet, beispielsweise, dass man Geld für eine schöne Reise verdienen will oder dass man Geld verdient, um sich ein schönes Essen zu leisten. Doch diese Motivationen halten die Moral nur kurz aufrecht: Die Kosten überwiegen bei einer schweren und eventuell langweiligen Arbeit nicht den Nutzen eines leckeren Essens oder einer schönen Reise. Man fragt sich deswegen nach einiger Zeit oft, ob man denn wirklich nach Spanien fliegen muss oder ob der See im Nachbarort nicht doch reicht. Das ist günstiger und man müsste keine Überstunden machen.

Viele beginnen zudem ihre Arbeit, weil es ihnen Freude bereitet und Spaß macht. Sie haben zum Beispiel schon seit den Kindheitstagen den Traum, bei der Feuerwehr zu arbeiten, und wenn dieser Traum dann Realität wird, trägt das in den ersten Monaten zu einem Rausch der Glücksgefühle bei. Man hat sein Ziel erreicht: Man wollte es schon so lange und nun ist man hier und hat es geschafft. Man hat Spaß an der Arbeit und freut sich, neue Dinge zu lernen. Doch auch diese Freude kann schnell entschwinden, wenn Aufgaben immer wiederholt werden müssen und auch Dinge zu erledigen sind, die keinen Spaß machen. Jeder Job besteht aus mehreren Bereichen, und während einige davon nach Jahren immer noch Spaß machen, so sind andere nach dem ersten Erledigen schon langweilig und kaum zu schaffen. Besonders, wenn dann der Fokus auf diesen schwerfälligen Aufgaben liegt, weil die erfreulichen Dinge nicht oft im Beruf vorkommen, ist es plötzlich doch nicht mehr der Traumberuf. Dies kann auch auf Hausarbeit ausgeweitet werden. Während man die erste Woche mit dem neuen Staubsauger genießt, weil er so viel besser in der Hand liegt und so viel leiser ist als der letzte, ist er in der zweiten Woche doch nur wieder ein Staubsauger. Das Saugen ist wieder nur eine Aufgabe und eine Verpflichtung.

Die Motivation zu haben, dass es getan werden muss, ist ebenso fatal für den langfristigen Erfolg. Verpflichtungen und Dinge, die getan werden müssen oder sollten, sind meist solche Sachen, die wir nicht gern tun. Dass sie getan werden müssen, hilft zwar oft dabei, sie wirklich zu tun, aber in den seltensten Fällen erledigen Menschen diese Dinge mit Freude oder mit einem langfristig positiven Blick in die Zukunft. Dass diese Dinge getan werden müssen, gibt uns genug Kraft, um uns aufzuraffen und sie zu erledigen. Aber trotzdem scheint das Erledigen wie eine einzige lange Qual.

SCHRITT FÜR SCHRITT ZUM SINN

Wie bringt man jedoch nun Sinn in seinen Alltag und in die Dinge, die man tut? Die folgenden Schritte können auf alle Aufgaben, seien sie groß oder klein, angewendet werden. Habe für diese Übung einen Zettel und einen Stift an deiner Seite, um Dinge aufschreiben zu können.

Schritt 1: Um welche Aktivitäten geht es?

Natürlich kann man mit einer Aktivität anfangen und den Sinn weiter auf andere Aktivitäten ausbreiten. Doch fehlt der Sinn in einer Aktivität, scheint er auch in vielen anderen Aufgaben des Lebens zu fehlen, unersichtlich zu sein oder nicht zu reichen, um uns zu motivieren. Um einen klaren Überblick zu erlangen, schreibe zunächst die Aktivitäten auf, die dir sofort in den Sinn kommen, wenn es um Dinge geht, die du nicht gern tust. Das kann sein, den Müll hinauszubringen oder die Autobahn zur Arbeit zu nehmen. Schreibe auf, ohne viel darüber nachzudenken, welche Dinge du ungern machst und hinter denen du keinen größeren Sinn siehst.

Du kannst die Aktivitäten als eine Liste aufschreiben oder kreativ sein und eine Mindmap aufmalen. Hierfür erstellst du eine Blase in der Mitte des Zettels und lässt verschiedene Striche von hier abgehen. Du kannst nun einzelne Bereiche benennen – wie zum Beispiel „Arbeit“, „Haushalt“, „Soziales“ und so weiter – und du kannst dann immer kleinschrittiger werden. Wenn du alle Aktivitäten aufgeschrieben hast, durch die du dich täglich durchquälst, weite das Feld aus. Solltest du es noch nicht getan haben, notiere nun zusätzlich die Tätigkeiten, die du als eine

Verpflichtung betrachtest. Es kann sein, dass diese Aktivitäten teilweise schon auf deiner Liste oder in deiner Mindmap stehen: Schreibe die restlichen auf. Wenn es dir hilft, eine klare Ordnung in deine Mindmap zu bringen, kannst du die Verpflichtungen von den anderen Tätigkeiten trennen, sie in einer anderen Farbe schreiben oder anders markieren, wie zum Beispiel mit einer anderen Umrandung.

Schritt 2: Die Tätigkeit im Detail

Suche dir für den Anfang erst eine Tätigkeit heraus, der du Sinn verleihen möchtest. Schreibe sie auf einen neuen Zettel und liste darunter die Gedanken und die Gefühle auf, die du hast, während du diese Tätigkeit verrichtest. Das müssen nicht nur negative Gedanken und Gefühle sein. Wenn dir die Aktivität an manchen Tagen Freude bereitet oder unter anderen Umständen sehr reizvoll für dich ist, vergiss auch die positiven Gedanken und Gefühle nicht. Wenn es dir beim Organisieren deiner Liste hilft, trenne die Gedanken und Gefühle, indem du die positiven auf die eine und die negativen auf die andere Seite schreibst.

Betitele diese Trennung nicht als „Gut“ und „Schlecht“, sondern eher als „Negativ“ und „Positiv“ oder als „Freude“ und „Freudlos“. Du kannst die Listen auch nur mit einem lächelnden und einem traurigen Smiley betiteln. Sei dir hier jedoch darüber bewusst, dass du deine Gedanken und Gefühle bewertet hast und diese Wertungen subjektiv sind. Nicht für jeden ist die Tätigkeit, wie sie für dich ist, und nicht für jeden sind genau diese Gedanken, die du hast, auch so bewertet, wie du sie nun bewertet hast.

Wenn du es im Titel nicht schon getan hast, schreibe genau auf, worum es sich bei der Tätigkeit handelt und wie genau sie abläuft. Es hört sich zunächst befremdlich an, doch gehe so tief ins Detail, wie es geht. Beispiel: „Staubsaugen: Staubsauger aus der Kammer holen, Kabel ausziehen, Staubsauger an Steckdose schließen ...“ Um es dir leichter zu machen, wähle, wenn du das System der Mindmap gewählt hast, keine zu kleinschrittige Tätigkeit aus. Eine Liste darüber zu schreiben, wieso man den Wischlappen nicht gern auswringt, schreibt sich eher schwer. Sei aber auch nicht zu grob. „Den Haushalt machen“ ist etwas zu ungenau definiert und enthält viele Facetten, die eventuell nicht alle gleich bewertet werden.

Schritt 3: Den wirklichen Sinn finden

Um den Sinn einer Tätigkeit zu finden, solltest du nun nicht mehr auf das Detail schauen, sondern einen Schritt zurücktreten, um das große Ganze zu erkennen. Nimm dir noch einmal deine Liste zur Hand, auf die du geschrieben hast, wieso dir diese Tätigkeit so auf die Nerven geht. Dann nimm dir jeden negativen Gedanken-Punkt vor und formuliere ihn um: „Reframe" einen Gedanken, den du zu der Aktivität hattest, und frage dich, ob man ihn auch anders und konstruktiv sehen könnte.

Hast du beispielsweise geschrieben, dass du ungern Staub saugst, da dafür so viel Zeit in Anspruch genommen werden muss und du es andauernd tun musst, kannst du in dich gehen und diese Umstände positiv betrachten. Was könntest du daraus lernen? Könntest du die Zeit, in welcher du mit dem Staubsauger durch die Wohnung gehst, doch für dich nutzen? Könntest du zum Beispiel während des Staubsaugens deinen restlichen Tag planen oder deine Lieblingsmusik hören? Könnte dir das ewige Staubsaugen beibringen, geduldig zu sein und den Moment zu genießen, auch wenn er noch so verschwendet scheint?

Achte bei der Formulierung deines neuen Sinns der Aufgabe darauf, dass dieser allgemein klingt. Anstatt bei dem Punkt des Staubsaugens zu schreiben, dass du gern einen sauberen Boden hättest, schreibe auf, dass du Sauberkeit schätzt und es dir wichtig ist, in einem sauberen Haus zu leben.

Der Prozess der Sinnfindung besteht daher aus zwei Teilen:

Teil 1 besteht aus der **kurzfristigen Motivation**: Hier sollst du dir darüber klar werden, wie du die negativen Gedanken, die du normalerweise bei, vor oder nach der Ausübung der Tätigkeit hast, positiv umformulieren kannst. Dieser Teil soll dir zeigen, warum die Aufgabe nicht nur Pflicht ist, sondern dich selbst auch weiterbringen kann.

Teil 2 der Sinnfindung besteht aus der **längerfristigen Motivation**: Du sollst auch zukünftig noch staubsaugen können, auch wenn deine Geduld der des Buddhas gleicht. Deswegen benötigst du eine Motivation, die nicht nur Konsequenzen für dich, sondern auch für andere hat. Du könntest dir beispielsweise sagen, dass das Putzen der Wohnung notwendig ist, um alle Materialien so lange wie möglich zu erhalten. Das ist nachhaltiger und sorgt dafür, dass nicht mehr Baumaterialien aus der Natur geerntet werden müssen. Du schützt also nicht nur dich vor Keimen und Ungeziefer, sondern auch die Natur vor Ausschlachtung.

Schritt 4: Implementiere den Sinn in deine Aufgabe

Wenn wir nun bei dem Beispiel des Staubsaugens bleiben, kann gesagt werden, dass es schon eine Qual darstellen kann, sich aufzuraffen und den Staubsauger in die Hand zu nehmen. Deswegen ist es wichtig, dass der Sinn einer Aufgabe nicht nur während, sondern auch vor der Ausführung einer Aufgabe klargemacht wird und die positiven Konsequenzen der erledigten Aufgabe erinnert werden. Um sich nun zum Gang in die Abstellkammer zu motivieren, wo der Staubsauger höhnisch auf einen wartet, sollte man also den Sinn klar im Kopf haben. Frage dich vor der Durchführung der Tätigkeit immer: Warum mache ich das hier? Was hat das für einen Sinn?

Sage dir dann klar und deutlich, welchen Sinn diese Aufgabe für dich und andere hat und warum es wichtig ist, dass du sie jetzt ausführst. Oft ist auch der Faktor des Moments ein Problem: Muss ich es denn jetzt machen? Reicht es nicht auch, wenn ich morgen sauge? Beantworte dir zu diesem Zweck diese Fragen vor der Durchführung der Aufgabe:

Warum will ich diese Aufgabe jetzt erledigen?

Warum will ich sie nicht verschieben?

Achte hier darauf, dass du die Aufgabe nicht erledigen musst oder sollst, sondern dass du die Sache erledigen möchtest und willst. Du sagst deinem Kopf in diesem Moment eine wichtige Sache: Ich habe die Wahl. Ich kann Nein zu der Aufgabe sagen. Wieso sage ich aber Ja?

Für wen lebe ich?

Einen Sinn in allen Dingen zu sehen, die man täglich tut, ist nicht genug, um die Lebensfreude wieder zu entfachen. Hier ist eine wichtige Frage bis jetzt noch nicht beantwortet worden. Sie steht über den Fragen, die im vorherigen Kapitel gestellt und von dir direkt beantwortet wurden, wie beispielsweise: Warum sollte ich das jetzt tun? Welchen Sinn hat die Erledigung dieser Aufgabe? Warum will ich sie nicht verschieben?

Die Frage, die über all diesen anderen steht, ist:

Für wen lebe ich?

Das Leben besteht aus Aktivitäten, Aufgaben, Gefühlen, Gedanken, Hoffnungen, Träumen und Niederlagen. Aber für wen lebe ich? Wieso muss ich denn am Leben teilhaben und wieso bleibe ich heute nicht einfach im Bett und lasse den Staub da, wo er ist? Wer keinen Funken Lebensfreude mehr in sich hat, fragt sich oft, wieso er sich um andere, um sich selbst oder um die Welt kümmern soll, wenn doch zuletzt nichts einen Sinn ergibt. Es sollte deutlich sein, dass man für etwas und jemanden lebt. In erster Linie selbstverständlich für sich selbst, doch bei einigen reicht selbst diese Motivation nicht aus. Es folgt deswegen nun eine Übung, die dir dabei helfen soll herauszufinden, für wen du lebst.

WIE ES NICHT FUNKTIONIERT

Wir Menschen leben nie vollkommen allein. Nur wenige Menschen überleben es in der Wildnis ohne Zivilisation. In der Regel brauchen wir Menschen andere, die uns helfen, unterstützen und uns versorgen. Im Gegenzug bieten wir unsere Dienste oder Produkte an. Menschen sind nicht für das Leben in Einsamkeit geschaffen. Wir sind Rudeltiere, ähnlich wie Wölfe oder Hunde. Es ist deshalb auch nicht verwunderlich, dass wir Menschen von den Meinungen anderer abhängig sind. Wir orientieren uns schon als kleine Kinder an unseren Eltern und versuchen, die Welt mit ihrer Hilfe zu verstehen. Später sind es Schulfreunde und Kollegen, auf deren Meinungen wir hören.

Um akzeptiert und nicht von Gruppen ausgeschlossen zu werden, adaptieren wir unser Verhalten und unser Denken. Wir wollen Harmonie erhalten und stimmen auch mal Dingen zu, die wir eigentlich ablehnen würden. Das führt dazu, dass wir in der Gegenwart anderer, besonders, wenn uns diese auf eine Art und Weise sehr wichtig sind, nicht ganz ehrlich und wir selbst sind. Wir möchten gefallen und den Erwartungen der anderen entsprechen. Das führt von kleinen, harmlosen Lügen bis zu einem Leben, das wir nur für die anderen und für deren Akzeptanz und Lob leben.

Lob kann eine wundervolle Belohnung nach einer lästigen Arbeit sein. Besonders, wenn das Lob von einer Person mit viel Erfahrung kommt oder von jemandem, den wir sehr schätzen, lösen die netten Worte und die Bewunderung der anderen regelrechte Schübe von Glückshormonen aus.

Doch es geht zu weit, wenn wir nur noch für das Lob und die Bestätigung der anderen leben und arbeiten und uns auf eine bestimmte Art und Weise verhalten, um von anderen geliebt zu werden. In diesem Moment, in welchem wir uns nur noch um die Erwartungen und die Meinungen anderer kümmern, leben wir nicht mehr für uns selbst. Selbst wenn unsere Arbeit beinhaltet, dass wir anderen helfen. Wir tun dies dann nicht für die hilfsbedürftigen Personen, sondern für das Lob unserer Familie, unserer Freunde und Kollegen.

SCHRITT FÜR SCHRITT ZUM LEBENSSINN

Für viele Menschen ist die Frage nach dem Grund und dem Sinn des Lebens zu abstrakt. Durch die folgende Schritt-für-Schritt-Anleitung soll dir geholfen werden, deinen Lebenssinn zu erkennen und ihn, wenn es notwendig ist, umzuschreiben. Hierbei wirst du praktisch vorgehen, deine Aktivitäten reflektieren und dich selbst ein wenig besser kennenlernen.

Schritt 1: Welche Dinge tue ich?

Bevor du dich fragen kannst, für wen du Dinge tust, musst du dich zunächst fragen, welche Dinge du tagtäglich tust. Anders als bei der letzten Übung solltest du dich hier auf eine grobe Einteilung konzentrieren. Es geht hier nicht ums Staubsaugen oder um die Steuererklärung, sondern darum, für wen du den Haushalt machst und für wen du arbeiten gehst. Nimm dir wieder einen Zettel und einen Stift zur Hand und schreibe in Form einer Liste auf, welche groben Bausteine dein Leben hat. Diese Bausteine könnten sein: Haushalt, Arbeit, Freundeskreis auf der Arbeit, Schulfreunde, Sport, Kochen, Gärtnern, Urlaub und so weiter.

Auch, wenn diese Liste grober sein soll als die letzte, achte darauf, dass du trotzdem klar zwischen Freundeskreisen, Arbeitsplätzen oder Sportarten trennst. Nur „Hobbys" ist etwas zu grob gefasst. Arbeitest du mit zu groben Bausteinen, wird es schwer, genau herauszufinden, in welchen Bereichen deines Lebens du dir nicht sicher bist, für wen du etwas tust.

Schritt 2: Für wen tue ich die Dinge, die ich tue?

Nimm dir nun die Liste vom ersten Schritt zur Hand und schreibe dahinter oder jeweils unter die Tätigkeit oder den Bereich, auf wessen Meinungen du am meisten achtest. Beispielsweise, dass du bei der Arbeit auf die Meinung deiner Chefin achtest oder dich im Freundeskreis am meisten an Freund XY hältst und am liebsten auf seiner Seite bist.

Obwohl es zunächst schwer scheint zu reflektieren, auf wessen Meinung man den meisten Wert legt, ist es jedoch wichtig, dass du dir bewusst machst, auf wen du dein Augenmerk legst. Dabei kann es helfen, wenn du die Augen schließt und dir eine Situation vorstellst, auf die du in dem Bereich stolz bist. Wer steht nun vor dir und applaudiert? Wessen Lächeln ist es, das du zuerst siehst, und auf welches Lachen achtest du zuerst, wenn du einen Witz gemacht hast?

In den meisten Fällen liegt es klar auf der Hand, auf wessen Meinung wir den meisten Wert legen: Es sind oft unser Vorgesetzter, unsere Eltern, unsere Freunde, die ein besseres und erfolgreicheres Leben zu haben scheinen als wir, oder Menschen, die wir aus anderen Gründen bewundern.

Schritt 3: Für wen will ich die Dinge tun, die ich tue?

Nimm dir erneut deine soeben erstellte Liste vor und gehe die Punkte noch einmal durch. Bist du zufrieden damit, für wen du in den Bereichen deines Lebens agierst und auf wen du am meisten hörst? Tust du Dinge eventuell für Menschen, die deine Zeit nicht verdient haben, weil du ihnen nicht so wichtig bist oder sie dich sogar ignorieren? Eventuell stellst du auch fest, dass es besonders die Bereiche sind, in denen du eigentlich nicht gern aktiv bist. In welchen Lebensbereichen bist du mit deiner Motivation nicht zufrieden? In welchen Bereichen wirst du nur vom Lob der anderen oder durch die Erwartungen, die andere an dich stellen, motiviert?

Zeichne hinter den Bereichen, in denen du deiner Meinung nach falsch motiviert wirst, ein Ausrufezeichen oder ein anderes Symbol.

Schritt 4: Was passiert, wenn ich Dinge aus anderen Gründen tue?

Stelle dir nun die Frage, wie sich in den gerade markierten Bereichen die falsche Motivation auf deine Leistung und auf deine Zufriedenheit auswirkt. Wie zufrieden bist du, wenn du alles nur für die Chefin tust, und wie leistungsstark bist du? Wie fühlst du dich in der Gegenwart deiner Freunde?

Überlege, was passieren würde, wenn du eine andere Motivation und einen anderen Hintergrund für die Erledigung der Aufgaben und die Teilnahme in den Bereichen finden könntest. Würde sich deine Zufriedenheit verändern und was würde die neue Motivation mit deiner Leistung tun?

Schritt 5: Finde deine wahre Motivation

Kommen wir nun wieder zurück zu der Frage des Kapitels: Für wen lebst du? Wenn du all die Dinge für andere Personen tust, für wen genau lebst du dann? Wen möchtest du glücklich machen und wieso?

Stelle dir vor, dass du nun eine andere Motivation für deine Aufgaben des Lebens hast: dein eigenes Glück. Was würde diese neue Motivation mit dir machen? Was würde sich verändern? Es ist möglich, dass in einigen Bereichen dein eigenes Glück nicht die primäre Motivation darstellt. Jedoch steht es meist hinter der anderen Motivation.

Frage dich, wen du liebst und was du liebst. Sind deine Lieben und deine Leidenschaften eine mögliche Motivation hinter den einzelnen Bereichen des Lebens? Könntest du dir vorstellen, auch für sie zu leben, und Dinge, die du nicht tun wollen würdest, für die Menschen zu tun, die dich glücklich machen und für dich da sind?

Schritt 6: Die neue Motivation testen

Schreibe nun eine neue Liste. Schreibe erneut alle deine Lebensbereiche auf und lasse immer ein bis zwei Zeilen darunter frei. Füge nun deine neue Motivation ein. Du lebst nun nicht mehr für das Lob anderer oder wegen der Erwartungen deiner Vorgesetzten. Du lebst für dich und die, die dir wichtig sind.

Schreibe die neuen Motivationen in die leeren Zeilen und lies dir alles noch einmal durch. Merke sie dir und erinnere dich an sie, wenn du dich das nächste Mal in einem deiner Lebensbereiche betätigst.

Es hilft, nach ein bis zwei Wochen noch einmal zu reflektieren und zu prüfen, ob du eine Veränderung gemerkt hast. Bist du nun zufriedener? Wie schwer fallen dir die Aufgaben, die dir zuvor keinen Spaß machten, und welche Leistungen kannst du erbringen?

Jemanden und etwas lieben und den Frieden unterstützen

Die Punkte der Liebe und des Friedens wurden schon in den vorherigen Kapiteln erwähnt und sollen in diesem nun vertieft werden. Bei der Findung des Lebenssinns und des Grundes dafür, seine Aufgaben zu erledigen, die anfangs wie Verpflichtungen interpretiert werden, geht es immer auch um die Liebe zu jemandem oder zu etwas. Es ist die Liebe zur Natur, zu anderen Menschen und zu Tieren, die zu guten Taten führt, und auch die Liebe zu Harmonie und Frieden, die dafür sorgt, bei guten Dingen zu bleiben und die eigenen Wünsche im Falle eines Interessenkonflikts zurückzustellen.

Auch gehört zur Liebe und zum Frieden dazu, dass man andere so annimmt, wie sie sind, sie nicht verurteilt und sie in ihren Wünschen, so gut wie es nur möglich ist, unterstützt. Nur bedingungslose Liebe ist wirkliche Liebe. Das bedeutet, dass Liebe für sich existiert und nicht erst bei Erfüllung von Vorstellungen, die man selbst hat und durchsetzen will.

WIE ES NICHT FUNKTIONIERT

Viele Menschen erleben es leider schon in ihrer Kindheit, dass vermeintliche Liebe manchmal an Leistungen gebunden ist. Zum Beispiel kommt ein Achtjähriger mit einer Fünf in Mathe nach Hause und bekommt daraufhin enttäuschte Blicke, Hausarrest und strenge Nachhilfestunden. Kommt derselbe Junge mit einer Eins in Deutsch nach Hause, wird er gelobt, umarmt und bekommt von der Oma einen Schein in die Hand gedrückt, weil er das so toll gemacht hat. Die Liebe der Eltern wird also abhängig von der Schulnote gezeigt.

Das ist jedoch keine wahre Liebe. Liebe kann nie an Erwartungen, Leistungen oder Taten geknüpft sein. Es ist beispielsweise keine Liebe, wenn man den Partner nur 'liebt', weil er einem das Frühstück ans Bett bringt und einem den Hausputz abnimmt. Man kann dem Partner danken, aber ihn nur deswegen zu lieben? Das geht nicht. Wir lieben auch nicht die Verkäuferin im Klamottengeschäft, weil sie uns passende Kleidungsstücke in die Umkleide reicht, oder den Bäcker, weil er uns die frischen Brötchen anstatt der kalten gibt. Das Gefühl ist vielleicht Dankbarkeit oder Freude, es kann sich sogar um Erleichterung handeln, aber wir freuen uns dann nicht direkt wegen der Person, sondern wir schätzen den Dienst, den diese Person leistet oder uns abnimmt.

Liebe hingegen ist etwas Fundamentales und Selbstloses. Sie ist nicht an Erwartungen oder Aufgaben geknüpft und kann deswegen auch nicht schwinden, wenn es statt der Eins eine Fünf in Mathe gegeben hat. Man liebt an dir nicht die gute Leistung, sondern den Menschen. Wenn man den Menschen meint, nur wegen guter Leistungen zu lieben, liebt man eigentlich die Leistung und nicht den Menschen selbst.

Käme der Junge aus dem Beispiel mit einer Fünf in Mathe nach Hause und würde trotzdem umarmt und zeigten ihm die Eltern, dass sie ihn wegen der Note nicht weniger lieben, dann nennt man das bedingungslose Liebe. Natürlich können Eltern nach einer schlechten Note um den Sohn besorgt sein und vielleicht ist die Einstellung eines Nachhilfelehrers sogar hilfreich, jedoch geht es hier nicht um die Leistungen des Jungen, sondern um seine Zukunft. Die Eltern wollen in dem Fall mit der Nachhilfe bewirken, dass der Junge wieder gut im Unterricht mitkommt, und ihn nicht dazu zu triezen, in der nächsten Arbeit eine Eins zu haben.

Besteht keine bedingungslose Liebe zwischen Menschen, kann es auch keinen Frieden geben. Erst die bedingungslose Liebe macht den Frieden möglich, da ihretwegen Menschen aufeinander achten, sich unterstützen und sich helfen. Wenn man einander nur liebt, um etwas zu bekommen oder wegen gewisser Vorzüge, die man durch die Anwesenheit des anderen hat, kann Frieden schnell Vergangenheit sein. Man ist sich gegenseitig nicht wichtig und achtet nur auf sich selbst.

SCHRITT FÜR SCHRITT ZUR LIEBE

Doch wie weiß man, ob die Liebe zu einem Menschen wirklich bedingungslos ist? Und wenn sie doch konditional ist, wie kann man dies ändern und seinen Fokus verschieben? Mit der nun folgenden Übung lernst du, umzudenken und reflektierst deine Liebe für deine Mitmenschen und andere Dinge.

Schritt 1: Das liebende Herz

Auch für diese Übung brauchst du einen Stift und einen Zettel. Gern kannst du nun auch einen roten Filzstift nehmen, mit dem du ein Herz aufmalst. Im ersten Schritt dieser Übung geht es darum sich bewusst zu machen, wen und was man alles liebt. Sei dabei jedoch radikal: Nur etwas zu mögen, etwas gut zu finden oder jemanden ganz nett zu finden, bedeutet nicht gleich, dass diese Person oder diese Sache in dein Herz gehört. Schreibe nur die Dinge und Personen auf, die du liebst und für die du sehr starke positive Gefühle hast.

Schritt 2: Die Reflexion der eigenen Liebe

Nach dem Aufschreiben aller Dinge und Personen, die du liebst, folgt nun eine ernsthafte Reflexion. Hier gehst du nicht nur alle Notizen in dem Herzen durch, sondern du suchst für jede Person und jedes Ding eine Situation in der Vergangenheit heraus, die zeigt, dass du die Person oder das Ding bedingungslos liebst. Wenn es dir schwerfällt, dir all diese Situationen zu merken, schreibe sie dir in Form von Stichpunkten oder als einen kleinen Fließtext auf einem weiteren Zettel auf.

Schritt 3: Prüfe deine Wahrnehmung

Du bist nun davon überzeugt, dass du diese Dinge und Personen liebst, ohne dass du etwas zurückerwartest. Du liebst sie um der Liebe willen und nicht, um etwas von ihnen zu bekommen.

In diesem Schritt sollst du nun jedoch eine Situation aus der Vergangenheit suchen, die bedeuten könnte, dass du doch nicht so bedingungslos liebst, wie du zuvor dachtest. Sei streng mit dir und, um es dir leichter zu machen, versetze dich nicht nur in die Situation, sondern auch in den Moment nach der Situation. Was war anders? Was hast du nach der Situation gespürt? Hattest du den Menschen weniger lieb? Mochtest du das zuvor geliebte Ding nur in bestimmten Situationen?

Auch hier kannst du dir das Merken wieder leichter machen, indem du die Situationen und den Effekt, den diese Situationen auf dich hatten, aufschreibst.

Schritt 4: Was bleibt übrig?

Dank deines Erinnerungsvermögens bist du nun in der Lage, eine Situation zu nennen, durch die du überzeugt bist, den Menschen oder die Sache unabhängig von

Leistungen und Erwartungen zu lieben. Auch konntest du sehen, dass es jeweils mindestens eine klare Situation gab, durch die deine konditionale Seite der Liebe zum Vorschein kam. Durch diese Übung sollte dir gezeigt werden, dass es oftmals zwei Seiten gibt. Auch Menschen, die wir bedingungslos lieben, lieben wir durch manche Dinge, die sie tun, mehr und durch andere weniger. Auch kann sich die Liebe durch Zeit und Erfahrungen verändern. Führen wir mit jemandem eine Beziehung, haben wir zunächst eine rosarote Brille auf und empfinden alles, was die Person tut, als großartig und fantastisch. Nach ein paar Jahren haben wir erkannt, dass auch diese Person Schwächen hat und dass nicht alles, was sie tut, supertoll und positiv ist. Wir sind von kleinen Macken genervt, streiten uns mit der Person und es kommt vor, dass wir nach der Phase der rosaroten Brille sogar sagen müssen, dass es doch nicht passt.

Bedingungslose Liebe entsteht manchmal von allein. Mütter, die ihr Neugeborenes in den Armen halten, fühlen sich auf Anhieb mit dem Kind verbunden und beschützen es, ohne groß darüber nachdenken zu müssen. Auch, wenn wir ein Haustier haben, entsteht der Bund oft von ganz allein. Bei Außenstehenden wie Freunden, anderen Familienmitgliedern oder auch Partnern ist die Liebe nicht unbedingt bedingungslos. Hier ist es wichtig, sich und seine Gedanken und Gefühle zu reflektieren und zu erkennen, wann man eine Person nur mag, weil sie etwas für einen tut.

Schritt 5: Das neue Herz

Erstelle auf einem neuen Zettel ein neues und verbessertes Herz, nachdem du deine Gefühle und Gedanken zu den verschiedenen Personen und Dingen reflektiert hast. Vielleicht sieht dein Herz nun anders aus: Eventuell hast du neue Dinge hinzugefügt oder musstest die eine oder andere Person streichen. Das heißt nicht, dass die Person für immer verschwinden muss. Mithilfe von Reflexion und Arbeit kann man die eigene Liebe verändern.

Entdeckst du, dass du eine Person nur wegen ihrer Leistungen liebst, frage dich, wieso du das tust und ob die Chance besteht, dass sich deine Gefühle ändern. Vielleicht verdecken die ausgezeichneten Leistungen oder Taten der Person ihre Persönlichkeit. Vielleicht kennst du die Person noch nicht gut genug oder konzentrierst dich immer nur auf ein Attribut der Person, das dich besonders fasziniert.

Welche Menschen und welche Dinge willst du lieben und welche liebst du, willst sie aber nicht lieben? Es kann schwer sein zu akzeptieren, dass man sich nicht dazu zwingen kann, etwas oder jemanden zu lieben, und dass die Liebe dorthin fällt, wohin sie nun einmal fällt. Man kann seine Liebe vertiefen und selbst dafür sorgen, dass aus der Liebe zu einer Person, die man nur wegen eines Attributes liebt, eine wirklich innige Verbindung wird. Jedoch kann man nicht verhindern, dass Liebe auch verschwinden kann und dass es Menschen und Dinge gibt, die wir nie lieben können.

Psychologischer Exkurs: Der Halo- und der Horn-Effekt

Psychologische Forscherinnen und Forscher konnten schon vor einigen Jahrzehnten feststellen, dass wir Menschen so leicht zu beeinflussen sind, dass wir andere Personen manchmal nur wegen eines Attributs mögen oder sogar hassen. Eine Person ist uns beispielsweise dann sympathisch, wenn sie unsere Werte vertritt, etwas geschafft hat, das wir erreichen wollen, oder lustig ist und uns zum Lachen bringt.

Das kann dafür sorgen, dass wir übersehen, was die Person alles nicht kann, falsch macht oder wie sie mit anderen umgeht. Wir winken diese „Kleinigkeiten" dann ab und müssen wieder an das eine Attribut denken, das uns so gefällt.

Andersherum können wir in die Richtung beeinflusst werden, dass wir eine Person nicht mögen oder sogar hassen, weil sie ein Attribut hat, das uns nicht gefällt. Beispielsweise vertritt sie andere Werte, hat uns auf einen unserer Fehler aufmerksam gemacht oder gehört einem anderen Fußballklub an. Dieses Attribut, sei es nun veränderbar oder nicht, stimmt uns so griesgrämig, dass wir übersehen, was wir alles mit dem anderen gemeinsam haben und was die Person Gutes und Beeindruckendes macht, das wir auch gutheißen.

Das nächste Mal also, wenn du eine Person auf Anhieb gut oder schlecht findest, frage dich, ob du der Person wegen einer Sache einen Heiligenschein (Halo) oder Teufelshörner (Horn) aufsetzt und übersiehst, was die Person sonst noch tut und ist.

An etwas glauben

In der heutigen schnellen und leistungsorientierten Welt wird vieles hart und genau bemessen, gezählt und ausgerechnet. Umsätze, Wachstum in der Wirtschaft und der Vergleich mit anderen im Arbeitsleben oder im Privaten bleiben da nicht aus. Das kann die Lebensfreude langfristig schädigen und sie in den Keller reißen. Wenn man sich immer mit anderen vergleicht und immer nur die harten Fakten vor sich sieht, wird man schnell alle seine vermeintlichen Fehler und Schwächen aufgedeckt sehen. Und diese scheinen nicht wegzugehen.

Versucht man, nicht an sie zu denken, sind sie nur umso stärker im Gedächtnis, und beschäftigt man sich lange mit ihnen, scheinen sie immer noch nicht zu verschwinden. Hier stürzen viele Menschen schnell ins Grübeln ab und kommen aus dem Loch der eigenen „Inkompetenz" überhaupt nicht mehr heraus.

An etwas zu glauben, bezieht sich nicht nur auf Religion. An etwas zu glauben heißt, etwas zu wissen, ohne einen faktischen Beweis dafür zu haben. Das scheint für manche unmöglich, da wir schon als Kinder gelernt haben, dass wir leicht bemessen werden: Wir erhalten Noten in der Schule, die unseren Fortschritt und unsere Leistung widerspiegeln. Wir treten gegeneinander in Wettkämpfen an und erreichen vielleicht den ersten, aber vielleicht auch den letzten Platz. Auch lernen wir, dass wir mehr wert sind, mehr Aufmerksamkeit von anderen erhalten, wenn wir in dem, was wir tun, gut sind und unsere Ziele erreichen.

Zu dem Thema des Glaubens gehört auch die Fähigkeit, Nein zu sagen. Das muss man zu dem System, in dem nur Zahlen Erfolge messen können. Erst, wenn man es versteht, Nein zu diesem System zu sagen und zu den Regeln, die andere aufgestellt haben, kann man sich selbst befreien und lernen, in Potenzialen zu denken und nicht in Versagen und Fehlern.

WIE ES NICHT FUNKTIONIERT

Das beste Beispiel ist auch hier wieder der Junge, der mit einer Fünf in Mathe nach Hause kommt. Diesmal liegt jedoch der Fokus nicht auf den Eltern, die dem Jungen auch ohne gute Schulleistungen ihre Liebe zeigen, sondern auf dem Jungen selbst. Auch, wenn seine Eltern ihm ihre Liebe zeigen, geschieht doch innerlich etwas mit dem Glauben des jungen Schülers. Falls das die erste Fünf ist, die er geschrieben hat, ist er nun der Überzeugung, schlecht in Mathe zu sein, schlechter in Mathe zu sein oder dem Druck einer Klassenarbeit nicht standhalten zu können.

So kann es nach der Fünf in Mathe passieren, dass er in der Arbeit in Englisch – einem Fach, das er eigentlich gut beherrscht – auch eine schlechtere Note schreibt. Er hat für sich zuvor den Glaubenssatz gebildet, dass er nicht gut im Schreiben von Klassenarbeiten ist und es auch in anderen Fächern nicht kann. Dieses Prinzip des Glaubens, dass man schlecht ist, etwas nicht kann oder nie können wird, kann damit enden, dass man Dinge nicht ausprobiert, aufgibt oder neue Aufgaben vermeidet, da man eventuell scheitern könnte. Man glaubt zwar an etwas, stützt seinen Glauben aber auf Zahlen, Messungen und Vergleiche mit anderen.

Man glaubt nicht an sich, sondern an das System, das einen immer wieder auf den Boden wirft und einem sagt: „Du bist nicht gut genug! Du bist schlechter als andere!“ Diesem System gibt man Macht und sich selbst entzieht man jegliche Macht und Entscheidungskraft.

SCHRITT FÜR SCHRITT ZUM GLAUBEN

Nun ist die Frage, die beantwortet werden muss, wie man selbst lernt, Nein zu sagen, sich selbst damit schützt und wie man seinen Glauben auf sich selbst und nicht auf das System, in dem einem gesagt wird, dass man schlecht ist, richten kann. Mit diesem Schritt-für-Schritt-Durchlauf lernst du, Nein zu dem zu sagen, was dir nicht guttut, und an dich zu glauben.

Schritt 1: Woran glaubst du?

Wir Menschen entwickeln im Lauf unserer Lebenszeit verschiedene Glaubenssätze, die uns begleiten und unser Leben prägen. Das können positive und hilfreiche Glaubenssätze sein. Leider sind die Glaubenssätze bei den meisten Personen jedoch negativ und zerstören Hoffnung, den Glauben an sich selbst oder an andere und hindern uns am Erfolg.

Das eigene Potenzial, sei es noch so reif, wird von schlechten Glaubenssätzen unterdrückt und kann sich nicht zeigen, wenn ihm keine Möglichkeiten geboten werden. In dem ersten Schritt dieser Übung sollst du nun in dich gehen und dir aufschreiben, welche Dinge du selbst glaubst. Diese Glaubenssätze sollen nicht deine allgemeinen Werte widerspiegeln, sondern sich auf deine Fähigkeiten, Talente und Versäumnisse beziehen. Glaubst du etwa, ein Genie in Mathematik zu sein, so schreibe dies in einem einfachen Satz auf: „Ich bin sehr gut in Mathematik."

Achte bei der Formulierung deiner Glaubenssätze darauf, dass sie positiv formuliert sind. Dies nicht hinsichtlich ihrer Wertung, sondern dass die Worte „nicht", „niemals" und „nie" nicht enthalten sind. Wenn es um Glaubenssätze geht, ist das menschliche Gehirn nämlich sehr einfach gestrickt. Es versteht keine Negationen und überliest gern das „Nicht" im Satz. Deine Glaubenssätze, die du dir nun aufschreiben sollst, sollen deine wahren Glaubenssätze möglichst gut wiedergeben.

Schritt 2: Sortiere deine Glaubenssätze

Nachdem du nun deine Glaubenssätze untereinander aufgeschrieben hast, sollst du sie in drei Stapel sortieren. Du kannst die Sätze entweder in die folgenden drei Spalten sortieren und neu aufschreiben, oder du schneidest jeden Satz einzeln aus und legst sie sortiert untereinander.

Die Stapel, in die du deine Glaubenssätze sortieren sollst, lauten: Talente und Fähigkeiten, Unsicherheiten, Fehler und Versäumnisse. Wie die Titel vermuten lassen, sollst du dem Stapel „Talente und Fähigkeiten" jene Sätze zuordnen, die deine Talente und Fähigkeiten zeigen. Das kann beispielsweise der Satz von oben sein, in welchem du sagst, du seist gut in Mathematik.

Der Stapel „Unsicherheiten" soll diese Sätze beinhalten, die entweder keine klar positive oder negative Wertung haben oder die deutlich werden lassen, in welchen Bereichen du dir selbst unsicher bist und nicht weißt, wie gut oder schlecht du eigentlich bist.

Der Stapel „Fehler und Versäumnisse" soll jene Sätze enthalten, in denen du selbst deine Schwächen und Fehler zugibst. Beispielsweise hättest du einen Satz wie „Ich bin schlecht darin, neue Sprachen zu lernen" hier abgelegt.

Schritt 3: Reflektiere deine Stapel

Schaue dir nun die drei vor dir liegenden Stapel an. Welcher der drei ist der größte (oder welche ist die längste Liste)? Wo liegen fast keine Sätze und welche Tendenz erkennst du? Erkennst du, dass dein Stapel „Talente und Fähigkeiten" am größten ist und du nur wenige „Unsicherheiten" und wenige „Fehler und Versäumnisse" hast, bedeutet das, dass du allgemein ein sehr gutes Bild von dir und deinen Talenten hast. Du weißt, was du kannst, und du bist von dir selbst überzeugt.

Erkennst du, dass du die meisten Sätze im Stapel der „Unsicherheiten“ hast und nur wenige in den anderen beiden Stapeln, bedeutet das, dass du dir noch nicht über deine Talente und Fähigkeiten klar geworden bist und dass du zunächst den Fokus darauf legen solltest, dir ein klares Bild von dir selbst zu machen. Sind die meisten Glaubenssätze im Stapel der „Fehler und Versäumnisse", bedeutet das, dass du sehr kritisch mit dir selbst bist und kein gutes Bild von dir hast. Du bist davon überzeugt, nur wenig zu können, wenn überhaupt etwas.

Neben diesen extremen Tendenzen könntest du auch erkennen, dass du die meisten zwar bei „Talente und Fähigkeiten“ liegen hast, du aber auch einige „Unsicherheiten" hast und einige „Fehler und Versäumnisse“. Auch von der anderen Seite ist eine zunehmende Tendenz möglich: Du hast beispielsweise die meisten bei deinen Fehlern, einige im Stapel der „Unsicherheiten“ und die wenigsten bei deinen „Talenten und Fähigkeiten“.

Welchen Schluss kannst du aus deinen Glaubenssätzen ziehen, die du dir nun vor Augen geführt hast?

Schritt 4: Der Blick auf dich selbst

Im vierten Schritt der Übung sollst du nun einen Schluss aus den Glaubenssätzen ziehen. Wie ist dein Blick auf dich selbst? Bist du von dir überzeugt und glaubst du an deine Fähigkeiten und Talente, oder hast du selbst das Gefühl, dass deine Fehler und Versäumnisse die Überhand haben? Hast du selbst den Eindruck, dass du besser/schlechter bist als andere oder auf der gleichen Stufe mit ihnen stehst? Und was macht dieser Eindruck mit dir? Sorgt er dafür, dass du überheblich bist, oder bist du tapfer und stehst die schweren Zeiten durch? Der Blick auf dich selbst sollte in diesem Schritt deutlich werden. Doch sei dir bewusst, dass er sich auch verändern kann. Ein Selbstwert kann vom Tag, Erfahrungen und anderen Umständen abhängen. Wir alle haben mal einen schlechten Tag und denken, dass wir der Welt und ihren Anforderungen nicht gewachsen sind. Das bedeutet jedoch nicht, dass wir das am Tag darauf genauso empfinden.

Es kommt oft vor, dass Wetter, Temperatur und die Dinge, mit denen wir uns am Tag beschäftigen, für ein eher höheres oder eher niedriges Selbstbewusstsein sorgen. Wenn du nun deine Glaubenssätze reflektierst, frage dich auch, ob es statische Glaubenssätze sind oder ob diese eher flexibel sind und sich oft ändern. Ein statischer Glaubenssatz ist so tief in deinem Bewusstsein eingebrannt, dass er sich nur dann ändern kann, wenn etwas sehr Großes passiert und sich oft wiederholt. Er ist nicht leicht abzuschütteln. Ein flexibler Glaubenssatz hingegen kann sich von Tag zu Tag oder sogar von Moment zu Moment verändern.

Schreibe neben deine Glaubenssätze einzeln, ob es sich hierbei um einen eher statischen oder einen eher flexiblen Glaubenssatz handelt, und prüfe, ob du ein Muster erkennst: Wo befinden sich die meisten statischen Glaubenssätze und wo die meisten flexiblen? Es ist oft so, dass sich die statischen in der Region der „Fehler und Versäumnisse" befinden und wir flexibel über unsere „Talente und Fähigkeiten" denken. Die Unsicherheiten sind meist flexibel. Doch prüfe diese Aussage für dich selbst und reflektiere, was das für deinen Selbstwert und Glauben an dich selbst bedeutet.

Schritt 5: Stärken und Schwächen

Zunächst muss gesagt werden, dass es in Ordnung ist, nicht alles zu können und Schwächen zu haben. Es gehört zum Mensch-Sein dazu. Doch meist enthalten die Glaubenssätze im Stapel der „Fehler und Versäumnisse" stark kritische Auffassungen. Wir sind oft zu hart mit uns selbst und gehen davon aus, dass wenn wir in etwas nicht perfekt sind, wir es eigentlich gar nicht können. Schaue dir deswegen nun erneut den Stapel der „Fehler und Versäumnisse" an und gehe detailliert jeden Punkt durch. Gibt es bei den Punkten eine Möglichkeit, den negativen Glaubenssatz in Potenzial umzuformulieren?

Wenn wir den Glaubenssatz nehmen, dass du „schlecht Sprachen lernen kannst", könnte man umformulieren: „Ich gebe mein Bestes, Italienisch zu lernen." Die Devise lautet also dort, wo Zweifel und Angst bestehen, das meiste Potenzial zu sehen und die „Schwächen" in Stärken umzuformulieren.

Schritt 6: Einprägen der neuen Glaubenssätze

Nur die Glaubenssätze umformuliert und aufgeschrieben zu haben, reicht meist leider nicht. Es ist notwendig, sich die neuen Sätze einzuprägen. Erst so kannst du längerfristig lernen umzudenken und wirst von dir selbst und deinen Fähigkeiten und Stärken überzeugt.

Das Einprägen kann auf verschiedene Arten stattfinden. Es bietet sich an, die neuen Sätze aufzuschreiben und die wichtigsten zuerst zu nennen. Dann kann man sich die Sätze wiederholt laut vorlesen. Auch kannst du dir die Sätze an eine auffällige Stelle hängen, wo du sie jeden Tag siehst. Beispielsweise an den Badezimmerspiegel, an den Kühlschrank oder du legst sie dir auf den Nachttisch. Wechsle möglichst die Stellen, damit du sie nicht als selbstverständlich an einer Stelle wahrnimmst und sie gar nicht mehr wirklich beachtest. Der Mensch ist ein Gewohnheitstier: Nutze dies für dich aus!

Ein weiterer Tipp, um Sätze in das tiefere Bewusstsein zu befördern, ist, dass du sie dir vor dem Schlafengehen aufsagst. Zu dieser Tageszeit kann man sich Sachen gut einprägen und befördert sie dank des Schlafes gleich in sein Langzeitgedächtnis.

Wenn du ein visueller Lerner bist, nutze diesen Fakt für dich und verziere den Zettel mit den Sätzen. Schreibe beispielsweise jeden Satz in einer anderen Farbe oder füge kleine Bildchen hinzu, die etwas mit den Sätzen zu tun haben. Zum Beispiel kannst du zum Satz: „Ich bin ehrgeizig genug, um mir selbst Geigespielen beizubringen." eine Geige und ein paar Musiknoten zeichnen. Lernst du besser mit Tönen und Melodien, nutze auch dies und versehe jeden Satz mit einer Melodie. Wenn du dir keine eigene ausdenken willst, verwende die Melodien aus deinen Lieblingsliedern und singe den Satz beispielsweise jedes Mal, wenn du unter der Dusche stehst.

Auch dein taktiler Sinn kann gut mitlernen. Du kannst eine Art „Totem" oder ein kleines Maskottchen in der Tasche tragen, das dich an einen oder mehrere neue Glaubenssätze erinnern soll. Wenn du dich daran erinnern möchtest, dass Vögel deine Leidenschaft sind und du dich sehr gut mit ihnen auskennst, trage eine kleine Eule mit dir herum, auf die du ab und zu in deiner Handtasche stößt, oder platziere sie auf deinem Schreibtisch oder in der Küche.

Neue Glaubenssätze sind individuell und deswegen muss auch das Einprägen der Sätze so individuell und spannend gestaltet werden, wie es nur geht. Widme dich wieder deinen Stärken und arbeite mit deinen Talenten und deinen Interessen.

Psychologischer Exkurs: Ich bin in einer Sache schlecht und in der anderen gut

Psychologische Forscherinnen und Forscher konnten besonders im Bereich der Schulpsychologie etwas Interessantes feststellen: Schülerinnen und Schüler sind meist davon überzeugt, entweder in Mathematik oder in Sprachen gut und in den anderen „gegensätzlichen" Fächern schlecht zu sein. Sagt ein Mädchen, es sei gut in Mathematik, ist es nicht selten, dass es zur gleichen Zeit davon überzeugt ist, schlecht in Englisch und Deutsch zu sein.

Doch schaut man sich dann die Schulnoten an, ist festzustellen, dass Schülerinnen und Schüler, die sich als Mathegenies verstehen, nicht signifikant schlechter in den Sprachen sind. Das Gleiche gilt auch andersherum: Behauptet ein Schüler, er sei schlecht in Mathematik, ist er nicht unbedingt signifikant besser in Deutsch. Eher ist hier zu vermuten, dass Schülerinnen und Schüler entweder etwas besser oder etwas schlechter in der Schule sind. Aber das heißt nicht, dass sie, wenn sie in Mathematik gut sind, in den Sprachen unbedingt schlecht sind.

Forscherinnen und Forscher erklären sich dieses Phänomen so: Der Einfluss anderer spielt eine große Rolle dabei, wenn es darum geht, wie wir Menschen uns selbst sehen und unsere Fähigkeiten einschätzen. Wird einem Mädchen schon in der ersten Klasse gesagt, Mädchen können keine Mathematik, das sei etwas für Jungs, wird dieses Mädchen die Information aufnehmen und in der Hinsicht verarbeiten, dass es selbst der Überzeugung ist, keine Mathematik zu können. Auch, wenn einem Jungen das gleiche zum Thema Sprachenlernen gesagt wird, kann das damit enden, dass dieser Junge den Eindruck gewinnt, selbst nicht gut Sprachen lernen zu können.

Dieses psychologische Phänomen lässt sich auf alle Lebensbereiche ausbreiten: Sagen andere Personen, man könne oder schaffe etwas nicht, sinkt der eigene Glaube an sich selbst, egal, wie gut man zuvor in solchen Aufgaben war. Hier ist es wichtig, dass man ein starkes und stabiles Selbstbild und ein hohes Selbstwertgefühl hat. Nur so kann man den gemeinen und oft irreführenden Sätzen der anderen standhalten.

Mathe und Deutsch scheinen in der Schule die typischen Gegenteile zu sein: Mathe beschäftigt sich mit harten Fakten und kann nicht „interpretiert" werden, während es in Deutsch und anderen Sprachen um Ausdrücke geht, die zu verschiedenen Zeitpunkten und in unterschiedlichen Sätzen andere Bedeutungen haben können. So entsteht der Eindruck, man könne entweder das eine (logisch denken und Fakten aufbereiten) oder das andere (interpretieren und kreativ sein) gut.

Lasse dich doch von diesem Eindruck nicht abschrecken. Es kommt oft vor, dass Physiker und Mathematiker gut darin sind, Instrumente zu lernen und sogar selbst Musikstücke zu schreiben. Auch ist es oft so, dass Germanisten, Dolmetscher und andere Personen, die sich kreativ mit Sprache betätigen, auch gut logisch denken können und Fakten als das erkennen, was sie nun einmal sind. Menschen können beides. Es liegt jedoch an ihnen selbst, diese Fähigkeiten auszubessern, ihren Blick zu schärfen und dafür zu sorgen, in beiden Feldern auf ihre Kosten zu kommen.

BONUS: AUCH AN ANDERE GLAUBEN UND EIGENE WERTE ENTWICKELN

Den meisten Personen hilft es jedoch auch, ihren Glauben anderen zu schenken und eigene Werte und Prinzipien aufzubauen und zu stärken. Hier folgen nun ein paar Beispiele, die für bestimmte Personen passen, für andere wiederum nicht. Sieh diese Liste als Vorschläge an, über die du nachdenken kannst.

Religion

Eine Religion zu haben, hat schon vielen Menschen helfen können und es kann auch ein guter Wegweiser in schwierigen Zeiten sein. Psychologinnen und Psychologen haben feststellen können, dass, wenn Menschen einer Religion angehören, sie besser durch private Niederlagen, Katastrophen und Probleme mit der psychischen Gesundheit kommen. Auch können durch eine Religion das eigene Selbstbild und die Identität gestärkt werden. Sie kann einen leiten und trösten. Doch Religion ist nicht für jeden etwas und wird von manchen Menschen als zu einschränkend betrachtet.

Solltest du einer Religion angehören, versuche, erneut deinen Glauben zu praktizieren, schließe dich einer Glaubensrichtung an oder lies etwas über Religionen, die du noch nicht kanntest. Auch, wenn du nicht als Gläubiger aus dieser Übung hervorgehst, ist es immer gut, sich über den Glauben und die Überzeugungen anderer Menschen informiert zu haben. So fällt es leichter, andere zu verstehen.

Politik

Die Politik ist ein häufiges Gesprächsthema und kann schon bei manchen Familienfesten zu Streit und Wut führen. Für manche Menschen hilft es, sich einer Partei anzuschließen und die eigenen Werte so auf die Probe zu stellen. Man kann sich politisch engagieren und gehört einer Gemeinschaft Gleichgesinnter an. Anders als bei der Religion geht es hier nicht um einen Glauben an eine höhere Macht, sondern um den Glauben an bestimmte Werte, die die Zukunft der Menschheit verbessern könnten.

Solltest du also bereits einer Partei angehören, lies ihr Programm durch und schaue, ob die Partei deine Werte vertritt. Solltest du dich für Politik interessieren, schaue dich um und informiere dich bei verschiedenen Parteien über Angebote. Eventuell triffst du hier Menschen, mit denen du dich gut verstehst und mit denen du um etwas kämpfen kannst, woran ihr alle glaubt. Durch Politik und das Engagieren in einer Partei kann man nicht nur neuen Sinn im Leben finden, sondern auch Beschäftigung, neue Hobbys, die man mit Gleichgesinnten teilt, und so kommt man auch an neue Erfahrungen, die den eigenen Horizont erweitern.

Ehrenamtliche Organisationen

Wenn du dich gern um andere Menschen kümmerst, ist eventuell das Unterstützen einer ehrenamtlichen Organisation etwas für dich. Hier kannst du Menschen helfen, die Hilfe benötigen, und sich für sie einsetzen. Beispielsweise kannst du in der Suppenküche aushelfen, Essen und Geld spenden oder einfache deine Zeit bereitstellen, um dich mit älteren Menschen zu unterhalten oder Brettspiele zu spielen. Du wirst feststellen, dass es viel bringt, sich um das Wohl anderer zu sorgen, und der Blick nach außen oft auch ermöglicht, dass eigene Probleme nicht mehr so schwer zu lösen oder auszuhalten scheinen.

Informiere dich vor Ort über Organisationen und Anlaufstellen, bei denen du mal aushelfen kannst. Du kannst hier auch erst den anderen freiwilligen Helfern über die Schulter schauen und dann entscheiden, ob du helfen willst und kannst.

Tierrechte und Umwelt

Auch Tieren und der Umwelt kann man gut in seiner Freizeit helfen. Das kann viele Dinge bedeuten. Du kannst dich zum Beispiel im örtlichen Tierschutzverein informieren, ob du mit Hunden Gassi gehen kannst oder mit Katzen spielen könntest, um ihnen die Zeit im Tierheim schöner zu gestalten. Hier kannst du ebenfalls auch gut Geld und Futter spenden oder dich anderweitig engagieren. Auch Demonstrationen gegen Tierversuche oder Ähnliches sind denkbar und können gut mit der politischen Seite verbunden werden. Du kannst dich auch für die Umwelt einsetzen und beispielsweise Müll mit anderen Gleichgesinnten sammeln oder auf das Auto verzichten und öfter das Fahrrad nehmen. Auch hier gilt wieder, dass nicht alles für jeden passt, und während es einige einfach finden, Vegetarier oder sogar Veganer zu werden, ist dieser Schritt für andere zunächst zu schwierig. Gehe deshalb so langsam oder schnell vor, wie es sich für dich richtig anfühlt.

Selbstverständlich kannst du auch alle diese Dinge ausprobieren und nach einer Zeit feststellen, dass sie doch nichts für dich sind. Probiere deswegen so viel aus, wie du magst, und stelle für dich selbst fest, was passt.

Auch können die Bereiche gut kombiniert werden. Zum Beispiel haben viele ehrenamtliche Organisationen einen religiösen Aspekt und es gibt Parteien, die sich gezielt um Tierschutz und Umwelt kümmern.

Das aktive Hoffen

Alle Menschen haben Träume, Hoffnungen und Wünsche. Es kommt häufig vor, dass man abends im Bett oder in einer ruhigen Minute daran denkt, was sein könnte und was man gern können und haben würde. Es ist absolut normal, nicht einhundertprozentig mit seinem jetzigen Standpunkt zufrieden zu sein und etwas ändern zu wollen. Es ist auch normal zu hoffen, dass sich in der nächsten Zeit etwas ändern wird und dass man seine Ziele erreicht. Man hofft und hofft und trauert Möglichkeiten nach, die sich in vergangener Zeit ergeben haben. Doch was tut man eigentlich?

Aktiv zu hoffen, bedeutet nicht, sich zurückzulehnen und in den Sternenhimmel zu schauen, bis endlich eine Sternschnuppe zu sehen ist und man sich etwas wünschen kann. Aktiv zu hoffen, bedeutet, das Ruder selbst in die Hand zu nehmen und auf sein Ziel hinzuarbeiten. Der Ausdruck 'aktiv zu hoffen' bezieht sich danach also auch darauf, selbst zu agieren und neben dem passiven Wünschen auch aktiv etwas zu tun, damit den Träumen, die man selbst hat, nichts im Wege steht.

WIE ES NICHT FUNKTIONIERT

Das einfachste Beispiel für ein passives Hoffen ist, sich zu wünschen, im Lotto zu gewinnen. Es wird dann besonders passiv, wenn man nie einen Lottoschein kauft. Wie soll man also im Lotto gewinnen, wenn man es sich selbst unmöglich macht?

Menschen haben sich oft daran gewöhnt, passiv zu hoffen, weil sie in ihren Routinen stecken und nicht davon ausgehen, dass sich überhaupt etwas ändern könnte. Sie vergessen, dass sie selbst etwas tun können. Sie hoffen beispielsweise, einen besseren Job zu haben, tun aber nichts, um dieses Ziel zu erreichen. Anstatt sich also nach neuen Stellen umzusehen oder sich um die Beförderung zu bemühen, bleiben sie an ihrem Arbeitsplatz sitzen und seufzen so leise, dass es keiner hört. Sie würden doch so gern. Wenn das nicht immer alles so schwer und kompliziert wäre!

Auch die Traumfigur kommt nicht von allein. Wie kann man hoffen, dass man schlank oder muskulös wird und weiterhin jeden Tag sein Stück Kuchen essen und nach der Arbeit auf die Couch fallen?

Aktives Hoffen bedeutet demnach auch, sich selbst als das Steuerrad zu sehen und Nein zu dem zu sagen, was nicht funktioniert hat.

SCHRITT FÜR SCHRITT ZURÜCK ZUR HOFFNUNG

Diese nun folgende Übung soll dir dabei helfen, deine Träume zu realisieren. Die Übung stammt aus dem Bereich des NLP (Neurolinguistisches Programmieren) und wird dort auch als Disney-Strategie betitelt, da sie Walt Disney selbst verwendet hat, um alle seine Träume umzusetzen.

Schritt 1: Die unerfüllten Träume und Wünsche

Mache es dir gemütlich. Schenke dir eine Tasse Tee oder einen Kaffee ein, zünde dir eine Duftkerze an und lasse im Hintergrund deine Lieblingsmusik laufen. Schaffe für dich ein sicheres und angenehmes Umfeld. Nimm dir einen Stift und einen Zettel und male eine große Wolke auf das Blatt Papier.

Nun nimm dir etwas Zeit und schreibe in die Wolke die Dinge, die du dir in deinen kühnsten Träumen vorstellen könntest. Benutze, wenn du magst, unterschiedliche Farben oder verziere das Blatt etwas, bevor du anfängst, um dich in eine lockere und kreative Stimmung zu bringen.

Sei nicht verlegen oder schüchtern und schreibe auf, was du in deinem tiefsten Inneren wirklich möchtest. Es ist hier egal, ob du es umsetzen kannst, ob es realistisch ist oder ob du der Überzeugung bist, es nicht schaffen zu können. Schreibe alles auf, was dir in den Sinn kommt. Sei der Träumer, der viele Wünsche und Ziele hat. Es kommt nicht darauf an, ob sie umsetzbar sind. Nur, ob du sie dir vorstellen kannst und ob sie dich glücklich machen würden.

Schritt 2: Die Planung der Umsetzung

Nach deiner Reise in dein tiefstes Inneres bist du sicherlich etwas aufgewühlt und euphorisch. Auch, wenn du gleich mit dem Planen deiner Träume und Wünsche beginnen willst, verschiebe diesen Schritt und lasse dein Blatt eine Weile liegen. Du kannst dich auch beispielsweise aus dem Raum entfernen, etwas anderes machen oder nach draußen gehen und dich ablenken.

Vergiss für eine Weile deine tiefsten Wünsche wieder, um von ihnen Abstand zu bekommen. Für den zweiten Schritt der Umsetzung suchst du dir einen anderen

Ort. Anstatt nun eine Duftkerze anzuzünden und ein schummeriges Licht anzumachen, suche dir einen Ort, an dem du gerade sitzen und produktiv sein kannst. Hole dir deinen Zettel und suche dir die drei (oder fünf, wenn du sehr motiviert bist) Träume und Wünsche heraus und schreibe sie einzeln auf jeweils einen neuen Zettel. Mache dir zu jedem Traum Notizen: Was brauchst du dafür? Wie würdest du an das Zubehör oder die Fähigkeiten kommen?

Gehe auch bei diesem Schritt davon aus, dass du alles kannst, was du nur können möchtest. Dir selbst sind keine Grenzen gesetzt.

Notiere dir eventuell in einzelnen Schritten, wie es möglich wäre, dein Ziel zu erreichen: Beispielsweise könnte ein Ziel sein, selbst in deiner Lieblingsserie mitzuspielen. Wie würdest du das schaffen? Du könntest an die Serie schreiben und fragen, ob Statisten gebraucht werden. Du könntest aber auch nach Castings schauen oder dich bei der nächsten Schauspielschule umsehen. Es ist also auch möglich, dass du mehrere Wege zu deinem Traum findest. Schreibe alle auf, auch wenn sie dir etwas zu großartig erscheinen. Das spielt in diesem Schritt keine Rolle.

Sei ein kreativer und wagemutiger Planer und verwende deine Energie nur darauf, nach Wegen zu suchen, die dich an dein Ziel führen.

Schritt 3: Realistisch werden und Kompromisse machen

Nachdem du fleißig geplant hast, wie du deine drei bis fünf größten Träume verwirklichen kannst, verlasse wieder den Ort, an dem du geplant hast, und lenke dich für eine Weile ab. Du kannst zwischen den hier erklärten Schritten auch immer einen Tag vergehen lassen. So kannst du sicher sein, dass du eine gewisse emotionale Distanz zu den Dingen aufgebaut hast, da im Schlaf alles emotional verarbeitet und als Erinnerung abgespeichert wird.

Für den nun folgenden Schritt der Durchführung brauchst du wieder einen neuen Ort. Du kannst in deiner Wohnung oder deinem Haus bleiben und dich beispielsweise in die Küche setzen. Du kannst aber auch in ein Café gehen oder dich auf eine Parkbank setzen. Du solltest für diesen Schritt auf jeden Fall nicht in deinen Gedanken schwelgen, sondern mit beiden Beinen fest auf dem Boden der Tatsachen stehen.

Dieser Effekt ist besonders gegeben, wenn man von anderen Personen umgeben ist, man an einer Stelle sitzt, an der man gesehen werden kann oder an der man andere Menschen treffen könnte. Nimm dir die Notizen zu deinen Planungen zur

Hand und gehe sie kritisch durch. Sei zwar realistisch, gehe aber nicht davon aus, dass du nichts hiervon umsetzen kannst. Du bist nun nicht mehr der Träumer oder der Planer, sondern der Realist, der die Pläne prüft und sie, wenn es notwendig ist, verbessern kann. Bemerkst du beispielsweise, dass ein Weg zum Ziel unwahrscheinlich funktionieren würde, streiche ihn und wähle einen anderen für die nähere Auswahl aus. Sei die ganze Zeit konstruktiv und wohlwollend, aber hart mit den Vorschlägen. Spiele die Pläne in deinem Kopf durch und entscheide, was wie funktionieren könnte. Besitzt du die erforderlichen Fähigkeiten? Wenn nicht, wie kannst du diese erwerben? Womit solltest du beginnen? Sei ein kritischer Realist, der nur das Beste will, aber auch die Limitationen und Wahrscheinlichkeiten der Welt kennt.

Schritt 4: Der Anfang ist schwer, aber machbar

Deine zweite Aufgabe als Kritiker ist es, einen ersten passenden Schritt in die richtige Richtung auszuwählen. Das muss kein riesiger Schritt sein, der dein Leben auf den Kopf stellen wird. Es reicht etwas Kleines und Einfaches, mit dem du dich auf den richtigen Pfad bewegst.

Wenn wir einmal wieder das Beispiel des Mitspielens in der Lieblingsserie nehmen, könntest du als ersten kleinen Schritt zum städtischen Theater gehen und nachfragen, ob es demnächst Aufführungen gibt, für die du dich bewerben kannst. Du musst hier nicht die Hauptrolle spielen. Es geht in der ersten Linie darum, dass du selbst eine Kostprobe bekommst und eine Chance hast zu erkennen, ob du deinen Traum verwirklichen möchtest oder ob er besser ein Tagtraum bleibt. Sei hier weiterhin realistisch und erkenne, dass zu vielen traumhaften Vorstellungen in der Realität viel Arbeit und Aufgaben dazugehören, die lästig sein können.

Schritt 5: Die Reflexion der Schritte

Nachdem du einige Schritte in die richtige Richtung getan hast, blicke zurück und nimm dir deine Pläne und deine Traum-Wolke wieder zur Hand. Reflektiere, ob sich deine Einstellung durch die ersten Schritte in Richtung deiner Träume verändert hat. Beantworte dazu folgende Fragen:

- Welche Dinge habe ich geschafft, obwohl ich glaubte, sie nicht meistern zu können?
- Welche Dinge waren schwerer, als ich vermutet hatte?
- Gehe ich den richtigen Weg, oder will ich etwas ganz anderes?
- Habe ich andere Träume, die ich lieber verwirklichen möchte, oder bin ich glücklich, wenn ich auf dem eingeschlagenen Weg bleibe?
- Welche Kompromisse kann ich machen, um realistisch und glücklich zu sein?

Bonus-Tipp: Das Ziel vor Augen

Wenn man sich erst einmal mit seinen Träumen und Wünschen befasst hat, sind sie schwer wieder aus dem Kopf zu bekommen. Zumindest für die erste Zeit. Es kann jedoch passieren, dass nach den ersten kleinen Schritten in die richtige Richtung Abweichungen gegangen werden, weil man sich ziellos und ungeduldig fühlt. Der kleine und detaillierte Schritt scheint nicht notwendig für das große Ganze zu sein. Und was war noch einmal das Ziel? Sollte man seine Ziele doch etwas niedriger stecken und dafür sorgen, dass man schnell erfolgreich ist, anstatt so lange warten zu müssen und auf dem Weg zum großen Ziel zu versauern und einzuschlafen?

Um das Ziel vor Augen zu behalten und dafür zu sorgen, dass man es auch wirklich erreicht und dabei auch noch motiviert bleibt, kann man diese kleine Übung zur Hilfe nehmen:

Schaffe eine angenehme Atmosphäre, in der du dich wohlfühlen und gehen lassen kannst. Schließe nun deine Augen und atme dreimal tief durch.

Nun stelle dir dein Ziel in seiner vollen Pracht vor. Spare dabei an keinem deiner Sinne: Was siehst du, wenn du dein Ziel erreicht hast? Was hörst du und was fühlst und riechst du? Schmeckt dein Ziel? Ist es vielleicht ein teurer Wein, den du dir leisten kannst, oder spürst du die Gitarre, die du hältst, während du auf der Bühne im Rampenlicht stehst? Sei so genau, wie es möglich ist, und mache dir bewusst, wie du dich gerade fühlst. Was fühlst du in deinem Herzen, wenn du dein Ziel erreicht hast, und wie fühlen sich diese Momente des Glücks genau an?

Öffne nun wieder die Augen und hole das Bild deines Erfolgs und deines Ziels immer dann zurück, wenn du dich fragst, wofür du alle diese kleinen Schritte machst und wohin du möchtest.

Du bist gut so, wie du bist

Ein wichtiger Punkt im Leben eines jeden Menschen ist die Akzeptanz des Selbst. Das fällt gerade dann schwer, wenn Menschen in Gruppen leben und sich ununterbrochen mit anderen vergleichen. Schon als Kinder wird der Fortschritt des einen mit dem des anderen verglichen. Auch weiter in der Schule werden Kinder durch ihre Noten verglichen und zu Hause nimmt das kein Ende. Geschwister duellieren sich fast täglich und wollen sich gegenseitig beweisen, dass sie besser als der oder die andere sind.

Als Rudeltiere sind Menschen dazu veranlagt, sich Gruppen zu suchen, in denen sie sich aufgehoben und wohl fühlen. Das allein ist schon eine Meisterdisziplin und dauert meist das ganze Leben lang. In jeder Gruppe finden sich wieder andere, die etwas besser können oder die man selbst als besser wahrnimmt. Menschen leben nicht allein. Deswegen werden sie konstant durch ihre Umwelt animiert und beeinflusst. Das bringt gute Dinge mit sich, etwa, dass man versucht, selbst besser zu werden und seine Leistung zu steigern. Aber immer öfter bringt das Vergleichen mit anderen Menschen Verzweiflung und das Gefühl, nicht genug zu sein.

Noch vor ein paar Jahrzehnten, im Zeitalter des Materialismus, war es üblich, das größte Auto, das schönste Haus und die längsten Urlaube zu haben. Als Statussymbol hatte man die teure Armbanduhr und die Designersonnenbrille. Umgeben hat man sich mit den Coolen, den Erfolgreichen und den Elitären. Es war für die Generation, deren Eltern den Zweiten Weltkrieg durchmachten, wichtig, selbst in Wohlstand zu leben, da ihnen klar war, dass dies das Ziel ihrer eigenen Eltern für sie war. Es ging hier um Image und darum, wer man war und was man in der Welt zu sagen hatte. Es reichte nicht, leise vor sich hin zu leben. Man musste präsent und spektakulär sein und anderen von seinen Errungenschaften erzählen.

Mittlerweile hat sich die Welt geändert. Wir leben im Zeitalter des Post-Materialismus. Das bedeutet, dass es uns heutzutage weniger um Besitztümer und Status in der Gesellschaft geht, sondern viel mehr um Werte und darum, wie wir nachhaltig, ethisch und verträglich leben können. Anstatt des größten Autos wird das umweltfreundlichste Auto gekauft oder gleich auf das E-Bike umgestellt.

Die Suche der Menschen ist heute nicht mehr eine Suche nach Reichtümern, die man eines Tages wegwerfen wird, sondern nach Reichtümern, die bleiben und für immer da sind. Es geht um die Suche nach sich selbst und die Suche nach einem Sinn im Leben. Lebensfreude erwächst nicht aus materiellen Besitztümern, sondern aus der inneren Ruhe und aus dem Frieden mit sich selbst.

WIE ES NICHT FUNKTIONIERT

Früher war es üblich, einen Job zu haben, der einem viel Geld und Ansehen brachte. Ein zusätzlicher Bonus war die Macht, die auch meist über andere ausgeübt werden konnte. Noch vor kurzem war es der Traum der Mehrheit, einen gut bezahlten Job zu haben, mit dessen Gehalt man sich die gewünschten Luxusgüter des Lebens kaufen konnte. Es ging hier nicht darum, was man eigentlich als Mensch tat und was man für andere in seiner Position tun konnte, sondern darum, wie viel Schmuck und Kreuzfahrten man sich mit seinem Gehalt leisten konnte.

Am wichtigsten war zudem nicht, was man von sich selbst dachte, sondern was andere dachten. Es war wichtig, nach außen hin perfekt zu sein, keine Schwäche zu zeigen und „einfach zu funktionieren". Wenn man nicht funktionierte und zum Beispiel krank wurde, war man schwach und nutzlos. Es ging darum, besser als andere zu sein, mehr zu haben, mehr zu können und seine Aufgaben in der kürzesten Zeit abarbeiten zu können. Der Traum war es, nur mit dem Schnipsen eines Fingers einen Cocktail in der Hand zu halten oder auf Abruf einen Privatjet anfordern zu können.

Auch wenn sich diese Schilderungen etwas übertrieben und vor allem in der Vergangenheit liegend anhören, ist dieser Traum für viele noch existent. Viele Menschen hoffen immer noch auf ihren Privatjet, der sie aus dem höchsten Stockwerk des Komplexes abholt und zum Kreuzfahrtschiff bringt. Für viele Menschen ist es immer noch so wichtig, was andere von ihnen denken, dass sie ihr gesamtes Leben danach ausrichten, anderen zu gefallen und anderen zu beweisen, dass sie selbst besser sind und das gewisse Etwas haben.

Doch wofür sorgen diese Werte? Was passiert, wenn man lebt, um anderen zu gefallen, um besser als andere zu sein und um zeigen zu können, was man geschafft hat? In den vergangenen Jahren erleiden immer mehr Menschen ein Burn-out, weil sie, anstatt nach innen zu hören, nach außen hören und anstatt sich auf ihre eigene Gesundheit zu konzentrieren, auf ihre Leistungen und Steigerungen achten. Das Leben für andere ergibt nur dann einen Sinn, wenn man sich selbst nicht vergisst und nicht zum Ziel hat, anderen zu gefallen, sondern anderen zu helfen.

SCHRITT FÜR SCHRITT ZUR AKZEPTANZ

Die nun beschriebene Übung soll dir dabei helfen, deinen Blick und deine Akzeptanz nach innen zu lenken. Schaffe vor dem Durchführen dieser Übung eine angenehme Atmosphäre und sorge dafür, dass du nicht gestört wirst.

Schritt 1: Wie denke ich über mich?

Setze dich bequem an einen ruhigen Ort. Dieser muss nicht drinnen sein. Du kannst dich auch, wenn es für dich passt, in den Garten setzen oder dir einen anderen ruhigen Ort in der Natur suchen. Wichtig ist einzig und allein, dass du nicht von lauten Geräuschen oder anderen Personen gestört wirst. Schließe die Augen, wenn du möchtest. Du kannst sie aber auch während der Übung offen lassen. Frage dich zunächst, was deine Schwächen sind und welche Dinge du gern an dir ändern möchtest. Zähle sie in deinem Kopf auf und stelle dir für jede „Schwäche", die du an dir wahrnimmst, ein Symbol vor. Wenn du beispielsweise unzufrieden mit deiner Figur bist, stelle dir ein kleines Männchen vor. Wenn du es nicht magst, sensibel zu sein, stelle dir eine Blume oder ein Herz vor. Du kannst frei wählen und in Gedanken die Dinge so verzieren und darstellen, wie du es möchtest und wie es dir hilft.

Behalte alle Dinge vor deinem inneren Auge. Stelle dir dein inneres Auge wie eine Leinwand vor, an die diese Symbole nach und nach nebeneinander projiziert werden. Stelle dir über den Symbolen ein Wort vor. Das kann „Schwächen" sein oder auch „Das mag ich nicht an mir." oder „Deswegen tauge ich nichts." Du kannst gemein sein, wenn du willst, oder neutral bleiben. Entscheide individuell, was besser passt und was deine Gefühlslage besser widerspiegelt.

Ziehe nun einen Kreis um all deine „Schwächen", sodass sie alle wie in einem Sack unter dem Wort liegen, das du als Überschrift gewählt hast. Sieh noch einmal in Ruhe über die Dinge.

Schritt 2: Nicht ich muss mich verändern, sondern mein Blick auf mich selbst

Sobald du dich an den Anblick deiner vermeintlichen Schwächen gewöhnt hast, radiere die Überschrift weg. Füge eine neue ein: „Ich bin gut so, wie ich bin!" Du kannst auch eine andere wählen wie: „Ich bin okay damit." Wähle eine Überschrift, die sich für dich richtig anfühlt, die genau diese Sache aussagt: Du bist okay und du muss dich nicht verändern, um gut zu sein. Du bist schon gut, wie du bist!

Schaue noch einmal über alle deine Attribute, die du zuvor als Schwächen eingeschätzt hattest, und sage dir bei jedem Symbol, das du siehst: „Das macht nichts. Das ist okay und ich bin okay." Verwandele den Kreis, in den du zuvor die Symbole gesteckt hast, in ein Herz und wenn du Lust hast, verziere noch den Rand oder das Innere des Herzens etwas, um es ansprechender zu machen. Dann präge dir die Inhalte des Herzes ein.

Schritt 3: Möchte ich bei meiner Einstellung bleiben?

Um den Blick selbst nachhaltig zu festigen und längerfristig erhalten zu können, solltest du dich zunächst fragen, ob du dich nun so sehen möchtest. Welche guten Dinge bringt es mit sich und bringt es auch schlechte mit sich? Überlege kurz!

Vielleicht wirst du gerade beim Überlegen festgestellt haben, dass es viele Vorteile mit sich bringt, über sich selbst so akzeptierend zu denken. Du musst dir beispielsweise keine Sorge mehr darum machen, ob du in Ordnung bist, wie du gerade bist, und was die anderen sagen werden. Du hast auch vielleicht mehr Selbstbewusstsein und fühlst dich erleichtert. Aber du wirst eventuell auf einen Nachteil gestoßen sein, wenn du so akzeptierend über dich denkst: Was ist mit Veränderung? Kannst du dich noch verändern, wenn du von dir selbst überzeugt bist und es als nicht notwendig empfindest, dich zu ändern? Überlege kurz, ob es dir das Verändern schwerer machen würde, selbst von dir überzeugt zu sein.

Veränderung kann verschiedene Motivationen haben. Es ist zum Beispiel eine Sache, Sport zu treiben, um schlank und fit zu werden, weil man sich selbst hässlich und dick fühlt. Es ist jedoch eine andere und effektivere Motivation, wenn man Sport treibt, weil man merkt, dass es einem guttut und einen auf Trab hält. Es wird also durch die neue Sicht auf dich selbst nicht verändert, ob du dich selbst verändern oder weiterentwickeln kannst, sondern vielmehr, wie du an deine Weiterentwicklung und Veränderung herangehst.

Schritt 4: Wie sieht meine ideale Sicht auf mich selbst aus?

Im vierten Schritt der Übung fragst du dich dann, wie eigentlich deine ideale Sicht auf dich selbst aussieht. Es scheint zunächst einfach, weil man davon ausgeht, dass die ideale Sicht auf einen selbst mit dem idealen Selbst übereinstimmen sollte. Zum

Beispiel: „Ich will muskulös sein, also sollte ich mich selbst als muskulös sehen." Doch das ist weder hilfreich noch realistisch. Meist sind wir nicht unser ideales Selbst. Wir sind menschlich, haben Dinge, die wir nicht gut können, und träumen von Sachen, die eventuell nicht in Erfüllung gehen.

Wenn wir dann die ideale Sicht auf uns selbst auf die Schablone des idealen Selbst legen und die beiden zu einhundert Prozent übereinstimmen, ist es besser, die ideale Sicht zu verändern. Natürlich können wir unsere Hoffnungen und Wünsche nicht verändern, aber wir können unsere Sicht auf das Jetzt verändern und dafür sorgen, dass wir mit unserer jetzigen Situation nicht unzufrieden sind, weil sie nicht unserem idealen Selbst entspricht.

Die ideale Sicht auf uns selbst sieht uns selbst demnach nicht als ideal, sondern realistisch als die Person, die wir gerade sind. Die ideale Sicht ist eine Art und Weise, uns zu sehen, die weder wertend noch destruktiv ist. Aber wie genau könnte deine ideale Sicht aussehen?

Schließe die Augen und stelle dich dir selbst vor. Sieh dich wie eine Puppe, die du von oben bis unten begutachten und analysieren kannst. Das bist jetzt du. Picke dir einen Aspekt aus dir selbst heraus und sage dir: „Ich bin damit okay. Das ist gut so, wie es ist, und es sollte nicht anders sein." Führe diesen Prozess einmal von Kopf bis Fuß und von Eigenschaften bis Persönlichkeit durch, bis du zu jeder deiner dir bewussten Eigenschaften gesagt hast: „Das ist okay so und sollte anders nicht sein." Nun gehe einen Schritt von der Puppe zurück und nicke in Gedanken. Ja, so ist es gut und so bin ich gut und richtig. Ich muss nicht mehr oder besser oder anders sein.

Kannst du deine ideale Sicht auf dich selbst nun erkennen? Kannst du deine Akzeptanz dir gegenüber sehen? Stelle dir ein Objekt oder ein Symbol vor, mit dem du deine neugewonnene Selbstakzeptanz verbinden möchtest – vielleicht ein Tier, eine Form oder auch einen ganz anderer Gegenstand wie eine Blume oder einen Stuhl. Wichtig ist nur, dass du selbst den Zusammenhang zwischen der Selbstakzeptanz und dem Symbol siehst. Speichere das Symbol nun bewusst ab. Lege es beispielsweise in eine gedankliche Schublade. Hier findest du es immer wieder.

Schritt 5: Den Blick im Alltag schulen

Auch nach dieser Übung kann es schwer sein, bei diesem Anblick zu bleiben. Sei deswegen auf der Hut und achte auf deinen Umgang mit dir selbst. Um den Umgang mit dir selbst zu schulen, solltest du das gerade ausgewählte Objekt der Selbstakzeptanz immer wiederfinden. Nimm es ab und zu in einer ruhigen Minute aus der gedanklichen Schublade und tauche erneut in das Gefühl der Selbstakzeptanz ein.

Befindest du dich nun in einer Situation, in der du dich innerlich selbst niedermachst und dir sagst, du seist nicht gut genug und solltest dich schämen, nimm das Symbol zur Hand. Du kannst dir vorstellen, dass es mit dir spricht, oder du fühlst es nur in deinen Händen. Es ist wichtig, dass das Symbol für dich immer greifbar ist und du es nicht vergisst. Wenn du gern malst, male es dir auf und hänge es dir in deine Wohnung. Oder, wenn es sich um etwas handelt, das du sowieso jeden Tag siehst wie eine Blume, fotografiere sie und stelle sie als Hintergrundbild auf deinem Handy ein, sodass du sie auch sehen kannst und zur Hand hast, wenn du das wirkliche Objekt gerade nicht siehst.

Zur Selbstakzeptanz gehört jedoch auch noch ein anderer wichtiger Punkt dazu: Die Menschen und Dinge, mit denen du dich umgibst. Stelle sicher, dass du dich am Tag mindestens einmal glücklich machst: Höre deine Lieblingsmusik, schaue eine lustige Serie oder nimm ein Schaumbad. Genieße und fühle dich wohl. Nicht jeder Moment deiner Lebenszeit muss mit Produktivität und Selbstzweifeln verbracht werden. Es ist auch in Ordnung, einfach mal nur zu sein.

Lerne es, wieder zu träumen

Um für mehr Lebensqualität zu sorgen, können einige Übungen helfen, mit denen du lernen kannst, wieder richtig zu träumen. Dieses Träumen meint nicht die wirren Bilder, die du in der Nacht siehst und an die du dich kaum nach dem Aufwachen erinnern kannst. Dieses Träumen meint das Träumen am Tage und die gezielt verstreuenden Gedanken, die du verwenden kannst, um eine kleine Pause zu bekommen. Diese Träume können sich auf dich und dein Leben beziehen oder unabhängig von dir sein und einfach eine Übung für deine Fantasie darstellen.

In diesem Kapitel wirst du Tipps und Tricks an die Hand bekommen, um selbst wieder träumen zu lernen und auch für Entspannung durch Verstreuung an stressigen Tagen zu sorgen.

SCHRITT FÜR SCHRITT ZUM TAGTRAUM

Tipp 1: Das Drumherum ist nicht wichtig

Normalerweise fangen Übungen mit einer ruhigen und stressfreien Atmosphäre an, doch um in einen Tagtraum zu kommen, der dich entspannt, deine Fantasie anregt und eventuell sogar unbewusste Wünsche freilegt, brauchst du keine stressfreie Umgebung.

Um in einen Tagtraum zu kommen, ist das Drumherum nicht wichtig, denn du steigst in deine Fantasie und in dein Innerstes ein und kümmerst dich für einige Momente nicht um den Alltag, deine Umwelt und die anderen Menschen. Du stehst im Fokus und du bist der Mittelpunkt deines eigenen Universums.

Tipp 2: Der Traum-Anker

Oft weiß man nicht, worum es in einem Tagtraum gehen soll, wenn man merkt, dass man selbst gerade einen bräuchte. Um dir dies einfacher zu gestalten, kannst du einen Traum-Anker verwenden. Hierbei kann es sich um ein Symbol handeln, was dich an ein schönes Thema wie einen Strand erinnern könnte, oder es kann auch ein Satz, ein Geräusch oder eine Melodie sein, die du mit Tagträumen assoziierst. Suche nicht gezielt nach einem Traum-Anker, sondern frage dich einfach: Mit welchem kleinen Gegenstand, Satz oder mit welchem Geräusch verbinde ich inneren Frieden und Fantasie? Vielleicht hängt dein Traum-Anker bereits am Schlüsselbund, steckt in deiner Hosentasche oder ist bereits dein Klingelton. Bleibe persönlich und individuell. Es nützt nichts, sich eine Einhorn-Figur zu kaufen, wenn du sie nicht mit Tagträumen verbinden kannst. Probiere deswegen erst einmal andere Anker aus, die du bereits in deinem Umfeld findest.

Tipp 3: Das Thema eines Tagtraums

Wovon willst du tagsüber träumen und was lenkt dich von dem Alltagsstress ab? Es gibt verschiedene Arten, an das Thema eines Tagtraumes heranzugehen. Du kannst eine eigene Welt erschaffen, in die du immer wieder zurückkehren kannst, oder du erschaffst jedes Mal neue Situationen, die sich nach deinen jetzigen Bedürfnissen richten.

Sollte für dich deine private, kleine Fantasiewelt eher passen, fange einfach mit der Gestaltung deiner geheimen Welt an. Vielleicht bist du in der Natur umgeben von schönen Pflanzen und Bäumen oder du befindest dich in einer lebendigen Großstadt, umgeben von Geschäften, Cafés und lachenden Passanten. Sei so detailliert, wie du es möchtest.

Tipp 4: Je fantasievoller, desto besser

Ein Tagtraum entspannt besonders dann, wenn er dich weit weg von deiner Realität bringt und dafür sorgt, dass du plötzlich eine andere Person bist, die andere Probleme und Prioritäten hat. So kannst du auch im stressigen Alltag eine Auszeit nehmen, ohne dass du deinen Fernseher anmachen oder ein Buch aufklappen musst. Erschaffe deine Welt nach der Devise; je fantasievoller sie ist, desto besser ist sie. Wie wäre es mit Fabelwesen wie Drachen und Elfen?

Oder was wäre, wenn du auf einer Raumstation durch die ferne Galaxis reisen würdest? Bleibe auch hier nah bei deinen Interessen und bei dem, was du kennst. Liest du lieber Science-Fiction oder Fantasy? Richte dich zunächst nach den Welten, die du kennst, und probiere dich aus. Fühlt sich der Tagtraum anders an, wenn du dich in einer anderen Welt befindest? Probiere alles Mögliche aus und achte dabei auf deine Gefühle und Gedanken.

Tipp 5: Achte auf dich selbst

Tagträumerei kann, wenn man nicht auf sich achtet, die Überhand nehmen. Deswegen ist es wichtig, nur dann einen Tagtraum zu initiieren, wenn es gerade notwendig ist, und besonders nur dann zur Tagträumerei zu greifen, wenn es sicher ist. Das bedeutet, dass man seinen Blick in dieser Welt lässt, wenn man Auto fährt, mit einem scharfen Messer schneidet oder gerade die Verantwortung für ein Kind oder ein Tier hat. Pass auf dich auf und achte auf die Momente, in denen du zu einem deiner Tagträume greifst: Nutzt du sie, um die Langeweile im Wartezimmer oder im Zug zu bekämpfen, oder versteckst du dich vor Problemen und unangenehmen Situationen, um die du dich eigentlich anders kümmern solltest? Achte in diesen Momenten auf dein Gewissen und leite gezielt und mit einem triftigen Grund deinen Tagtraum ein. Beispielsweise, indem du dir sagst: „Ich werde jetzt einen kurzen Tagtraum haben, weil mir gerade langweilig ist."

Tipp 6: Tagträume können positive Nebenwirkungen haben

In erster Linie bietet es sich an, hinter dem eigenen Tagtraum keinen produktiven Grund zu sehen. Beim Tagträumen sollte es nicht darum gehen, Probleme zu lösen oder über etwas Wichtiges nachzudenken. Der Tagtraum sollte als Pause und Zerstreuung angesehen werden. Wenn du also im Tagtraum merkst, dass sich ein Alltagsproblem in die Reihen der Traumgestalten schleicht, sprich es bewusst an und lösche das problematische Element aus deinem Traum.

Jedoch kannst du deine Tagträume auch zum Lösen von Problemen verwenden. Wichtig ist, dass du dies willst und nicht dem Problem und deinen Sorgen das Ruder des Traums in die Hand gibst. Wenn du dich demnach dazu in der Lage fühlst, dich um ein Problem zu kümmern, tu das und sei bewusst im Traum. Ein Tagtraum kann also außer Zerstreuung auch zur Produktivität genutzt werden, wenn es dich weiterbringt und dafür sorgt, dass du weniger Stress empfindest.

Auch kannst du durch Tagträume dein wahres Potenzial in Sachen Fantasie und Gestaltung erwecken. Indem du nämlich nicht gezielt nach einer Sache oder einem Muster suchst, wirst du im Kopf verschiedene Konstellationen ausprobieren. Eventuell wirst du so zum Schriftsteller, zum Maler oder zum Musiker. Sei offen und lasse dich von der Welle des Traums tragen, anstatt nach einer Zeit zu sagen: „Das wird mir hier jetzt aber zu wild!" Was in deinem Tagtraum vorgeht, kann niemand außer dir sehen und du musst die Inhalte nicht mit anderen teilen.

Lerne es, wieder Spaß zu haben

Vielen Menschen fällt es schwer, über die Pflichten und Prioritäten des Lebens hinauszudenken. Es wird darauf geachtet, dass man seine Zeit sinnvoll nutzt, dass man Zeit nicht verschwendet und dass man schnell und effizient arbeitet. Arbeiten – das ist die Hauptbeschäftigung eines jeden Menschen. Man arbeitet nicht nur auf seiner Arbeit, sondern auch im Haushalt. Man arbeitet daran, mit seiner Familie klarzukommen und alle Termine zu organisieren.

Über die Pflichten und Aufgaben geht es für viele Menschen nicht hinaus. Es scheint keine Zeit mehr für Spaß und das Nachgehen des Hobbys zu bleiben, da alle Zeit bereits ausgebucht und eingenommen ist. Spaß zu haben oder etwas zu tun, was nicht mit Produktivität zu tun hat, scheint nicht nur unmöglich, sondern auch nicht nützlich. Der Stress, so vermutet man, steigert sich nur noch, wenn man wichtige Dinge und Aufgaben weiter nach hinten verschiebt und die Zeit, die man zur Abarbeitung nutzen könnte, anders nutzt. Ob das nun ein Hobby ist oder das Bummeln in der Stadt, ist dabei nicht wichtig: Ist es nicht effizient und bringt es einen auf der To-do-Liste nicht weiter, sollte es auch nicht getan werden.

Doch am Ende des Tages liegt man im Bett und schaut auf den Tag zurück und man fragt sich: Was habe ich heute eigentlich gemacht? Ja, man hat Aufgaben abgearbeitet und nun steht nichts oder nur noch ein Minimum auf der To-do-Liste, die man sich am Vortag erstellt hat. Doch hatte man Freude? Wenn man dann von anderen nach seinen Aktivitäten des letzten Tages gefragt wird, kann man aufzählen, was man alles erledigt hat, doch auch hier wird einem eventuell wieder klar, dass da weder Spaß noch Freude mit im Spiel war. Es sind abgearbeitete Pflichten, die zwar erledigt werden mussten, aber nun nur noch eine durchgestrichene Liste sind, und kein Leben. Viele Menschen, die ein Problem mit der Lebensfreude haben, haben einige Jahre zuvor angefangen, nur noch zu arbeiten und aufgehört, wirklich zu leben. Sie haben einen nützlichen Alltag entwickelt, der ihnen dabei half und immer noch hilft, alles zu erledigen, was zu erledigen ist. Aber dieses System lässt keinen Platz mehr für Freude. Um wieder zu lernen, wie man Spaß hat, folgen nun einige Tipps und Tricks.

SCHRITT FÜR SCHRITT ZUM SPASS

Es folgen nun zehn Tipps, die dich inspirieren sollen, etwas anderes zu tun. Sieh diese Tipps als Ideen und nicht als Zwänge. Keiner dieser Tipps muss abgearbeitet werden. Lies sie, wenn es dir hilft, querbeet und schaue, was dir zusagt und sich für dich hilfreich anhört. Probiere verschiedene Dinge aus, und wenn du merkst, dass dir eine Sache nicht gefällt oder deine Freude nicht anregt, suche dir eine neue Sache aus der Liste heraus.

Tipp 1: Durchbrich den Alltagstrott

Ein wichtiger Punkt ist immer der Alltagstrott. Der Trott lässt keine Zeit und keinen Platz für eventuelle Veränderungen oder spaßige Aktivitäten. Deswegen lohnt es sich, ihn zu durchbrechen und dafür zu sorgen, dass nicht jede Minute verplant ist und dass nicht nur Aufgabe nach Aufgabe erledigt wird. Um den Alltagstrott effektiv zu durchbrechen, kannst du beispielsweise eher oder später aufstehen, die Reihenfolge der Dinge ändern, die du tust – wie erst nach dem Duschen zu frühstücken oder im Bett zu frühstücken. Du kannst dir auch einen Tag freinehmen oder das Wochenende anders verbringen, als du es geplant hattest. Eine Durchbrechung des Alltagstrotts muss nicht immer dafür sorgen, dass man mit seinen Aufgaben zurückfällt und am Ende des Tages nicht alles schafft.

Du wirst merken, dass, wenn du etwas mehr Spaß und lustige Aktivitäten in deinen Alltag einbaust, Sachen leichter von der Hand gehen und du abends mit dem Wissen ins Bett gehst, alles geschafft und nebenbei auch noch Spaß gehabt zu haben.

Übung: Drehe in deiner morgendlichen Routine den Ablauf um. Wenn du eigentlich immer erst duschst und dann Frühstück machst, gehe morgen den anderen Weg und iss, bevor du dich unter die Dusche stellst. Ändere auch den Ablauf deines Abends und tausche zwei Aktivitäten, die du täglich tust und normalerweise automatisch absolvierst.

Tipp 2: Tue etwas Unerwartetes

Eine Möglichkeit, etwas mehr Spaß zu haben und dafür zu sorgen, dass man wieder mehr Lebensfreude hat, ist es, etwas Unerwartetes zu tun. Das kann vieles heißen. Du kannst spontan sein und deine Pläne ändern oder du kannst etwas machen, was du dich sonst nicht trauen würdest. Ein gutes Beispiel wäre, sich zum Fallschirmspringen anzumelden, mal wieder vom Fünfer im Schwimmbad zu springen oder auch einfach einen anderen Weg zur Arbeit zu nehmen. Sei so spontan und anders, wie du es sein willst. Du wirst merken, dass schon die kleinste Veränderung deine grauen Zellen wieder anregt und dafür sorgt, dass du aktiver bist, mehr mitbekommst und dich über den Tag freust.

Übung: Gehe gedanklich in deine Vergangenheit und suche dir eine Aktivität aus, die du früher gern getan hast und die dir Freude bereitet hat. Arbeite diese Aktivität in deinen heutigen Tag ein.

Tipp 3: Tue etwas Neues

Eine weitere Möglichkeit, für mehr Freude und Spaß zu sorgen, ist etwas Neues zu tun. Man könnte denken, dass es ähnlich wie etwas Unerwartetes ist, jedoch ist hier wichtig, dass du etwas machst, das du noch nie zuvor gemacht hast. Das muss nicht gleich ein Survival Camp sein, sondern kann beispielsweise auch das Kaufen anderer Dinge im Supermarkt sein. Es geht hier darum, dass du neue Sachen entdeckst. Ob du die dann magst und bei ihnen bleibst oder sie erneut ausprobierst, ist deine Entscheidung. Du kannst zum Beispiel eine neue Sportart ausprobieren, in ein anderes Restaurant gehen oder eine Party besuchen, auf der du keinen kennst. Sei wagemutig und offen dafür, neue Dinge zu erleben.

Übung: Suche dir heute eine neue Aktivität, die du noch nie zuvor getan hast und die du auch nie ausprobieren würdest. Das kann das merkwürdige Restaurant in der Innenstadt sein oder der längere, aber schönere Weg zur Arbeit. Natürlich kannst du auch abenteuerlustiger sein und dich zu einer wagemutigen Aktion wie beispielsweise zum Bungee-Jumping anmelden.

Tipp 4: Gönne dir eine Auszeit

Immer nur Aufgabe nach Aufgabe zu erledigen, tötet jede Art der Freude, denn nach einer Zeit ist nicht einmal die fertige To-do-Liste ein Glücksmoment. Um wieder für Freude zu sorgen, kannst du dir eine Auszeit gönnen. Das kann mitten am Tag zwischen den Aufgaben sein, die du erledigen musst, oder inmitten einer Aufgabe, wenn du merkst, dass deine Energie gerade schwindet.

Eine Auszeit muss nicht unbedingt eine ruhige Aktivität sein, wie beispielsweise einen Tee zu trinken oder ein Nickerchen zu machen. Gerade, wenn du täglich im Büro sitzt, dich durch deine Arbeit wenig bewegst oder immer hochkonzentriert sein musst, ist es besser, die Auszeit aktiv zu gestalten. Das kann heißen, dass du eine kleine Runde Sport mitten am Tag einbaust oder einfach raus in die Natur gehst. Gestalte die Auszeit so, dass du wach und aktiv bleibst, aber dabei nicht gestresst bist.

Übung: Nimm dir heute eine feste Auszeit vor, in der du nach draußen gehst, eventuell einen kleinen Spaziergang machst oder mit einer Freundin/einem Freund redest.

Tipp 5: Albere herum

Es klingt zunächst etwas merkwürdig, dass man herumalbern soll. Doch das Herumalbern ist eine wichtige Komponente des Spaßhabens. Als Erwachsene werden wir Menschen täglich in ein soziales Korsett gedrückt. Uns wird vorgegeben, was wir zu mögen haben, was unsere Ziele sind und wie wir uns benehmen sollten. Doch mal herumzualbern, kann dafür sorgen, dass man den Alltagsstress hinter sich lässt und einfach man selbst ist.

Als Lockerungsübungen kann man zu seinem kitschigsten Lieblingslied tanzen und laut singen oder sich vor den Spiegel stellen und komische Grimassen machen. Anfangs kommt man sich etwas merkwürdig vor und fühlt sich beobachtet, doch das Lachen lässt nicht lange auf sich warten. Wenn nicht durch die komischen Handlungen und Bewegungen, dann durch die Absurdität der Situation.

Übung: Stelle dich vor den Spiegel und mache dir einen fröhlichen Song an. Nun schneide abwechselnd Grimassen, die verschiedene Emotionen darstellen. Ziehe für Freude deine Mundwinkel so weit nach oben, wie es geht, öffne deine Augen und zeige so viele Zähne, wie möglich. Drücke deine Mundwinkel für eine traurige Emotion so weit nach unten, wie es geht, tue so, als würdest du weinen, und kneife deine Augen zusammen. Schau so böse, wie es geht, bei der wütenden Emotion und arbeite hier nicht nur mit deinem Gesicht, sondern auch mit deinem Körper. Nimm die Positionen der Emotionen abwechselnd ein und ahme so viele Emotionen übertrieben nach, wie sie dir einfallen.

Tipp 6: Tue etwas, was nichts bringt ... außer Freude

Die Dinge, die Spaß machen, sind manchmal auch nützlich und bringen einen weiter. Aber das ist nicht immer der Fall. Viel öfter ist es nämlich so, dass die Dinge, die die meiste Freude bringen, keinen wirklichen Nutzen haben. Das kann sein, ein Computer- oder Brettspiel zu spielen, etwas zu ordnen oder sich alte Fotos anzusehen. Den einzigen Nutzen, den die meisten Dinge dieser Art haben, ist Freude zu bringen und dafür zu sorgen, dass man sich besser fühlt. Etwas muss demnach nicht immer weltbewegend sein, um die eigene Welt zu verschönern. Man kann den Tag auch mit Sachen verbringen, die für andere unnütz oder sogar eine Zeitverschwendung zu sein scheinen.

Übung: Mache heute etwas, das keinen richtigen Sinn hat. Hole beispielsweise mal wieder deine liebste Spielkonsole aus der Ecke, tauche in die faszinierende Welt des Sammelns von Gegenständen wie Briefmarken ein oder sieh dir alte Videos und Fotos an, die dich an schöne Zeiten erinnern.

Tipp 7: Triff dich mit Freunden

Die eigene Familie gehört meistens zu den nahestehenden Personen. Doch nicht immer kann man mit der Familie den Spaß haben, der mit Freunden möglich ist. Während sich in der Familie vieles um Alltagssorgen und die Organisation von Terminen dreht, kann man mit seinen Freunden über alles und jeden sprechen – und das ganz ungezwungen. Eine Möglichkeit, Spaß zu haben oder diesen zumindest einzuladen, ist es, sich mit seinen Freunden zu treffen. Das kann ein kurzer Besuch sein, eine Tasse Kaffee im Café oder auch gleich ein ganzer Ausflug in einen Kletterpark, das Schwimmbad oder das Kino. Wichtig ist es hier, viel zu lachen, zu scherzen und einander zu unterstützen, wenn diese Unterstützung gebraucht wird.

Übung: Rufe heute eine gute Freundin oder einen guten Freund an und quatsche mit ihr oder ihm eine Zeit. Verabredet euch für die nähere Zukunft und ladet, wenn es passt und möglich ist, noch ein paar andere ein.

Tipp 8: Erfinde dich selbst neu

Wenn man ein Teenager ist, tut man es ständig: sich neu erfinden. Man probiert neue Klamottenstile aus, hört verschiedene Musik und ändert seinen Blick auf die Welt fast wöchentlich. Doch als erwachsene Person hat man sich meist gefunden, oder glaubt es zumindest. Doch dass man sich nicht mehr neu zu erfinden versucht, ist nicht unbedingt ein Zeichen dafür, dass dieser Prozess überflüssig ist.

Auch, wenn als Erwachsene gewisse Sachen entschieden sind und man Verantwortung für andere trägt, kann man sich hier immer noch neu ausprobieren und sich selbst austesten. Dieser Prozess des Suchens nach neuen Dingen, die man ausprobieren und tragen kann oder denken könnte, ist ein Prozess, der viel Freude und Abwechslung bringen kann, und sollte deswegen nicht unterschätzt werden.

Doch in welchen Bereichen kann man sich neu erfinden? Eigentlich in allen, an die sich denken lässt: Du kannst einen neuen Klamottenstil ausprobieren, dir neue Hobbys suchen, neue Musikrichtungen hören oder dich über andere Denkweisen informieren. Auch lädt das Neu-Erfinden dazu ein, sich selbst näher unter die Lupe zu nehmen und zu reflektieren, wer man eigentlich ist und was einen ausmacht.

Übung: Suche dir einen Bereich, in dem du dich als offen beschreiben würdest, und versuche neue Dinge. Suche dir danach einen Bereich, bei dem du nicht glaubst, an dir etwas verändern zu können, und versuche auch hier etwas Neues. Welche Veränderungen halten sich? Und welche Bereiche kannst du nicht verändern?

Tipp 9: Sage Nein zum alltäglichen Grau

Es ist leicht, in einen Alltagstrott zu fallen. Auch, wenn man all die zuvor beschriebenen Tipps ausprobiert hat, wird nach einer Zeit das alltägliche Grau wiederkommen und den Alltag übernehmen. Um dem vorzubeugen und dafür zu sorgen, dass man nicht wieder vergisst, auch mal Spaß zu haben, sollte man längerfristig für Veränderungen in seinem Alltag sorgen. Um Nein zum alltäglichen Grau sagen zu können, sollten gewisse Regeln für den Alltag aufgestellt werden.

Diese Regeln kannst du selbst entscheiden und auswählen. Beispiele wären:

1. Nach zwei Wochen auf den alltäglichen Ablauf zurückblicken, reflektieren und etwas ändern.

2. Jeden Tag etwas Spannendes, Neues und etwas tun, das einem Freude bereitet.

3. Wenn eine spontane Einladung kommt oder die Möglichkeit, etwas Gewagtes und Abenteuerlustiges zu tun, immer Ja sagen. Auch, wenn man Angst hat oder zunächst keine Lust hat.

Diese Regeln passen nicht für jeden und können individuell verfasst werden.

Übung: Nimm dir etwas Zeit und schreibe drei bis fünf Alltags-Regeln auf, die dir dabei helfen sollen, langfristig mehr an den Spaß in deinem Leben zu denken.

Tipp 10: Höre auf dein inneres Kind

Als Erwachsener hat man Verantwortungen, Verpflichtungen und Termine. Doch wir alle haben ein inneres Kind, das uns Dinge zuruft, die jetzt auch gut wären. Das innere Kind ist neugierig, abenteuerlustig und will etwas erleben. Doch der Erwachsene schüttelt dann meist den Kopf: „Wir haben andere Dinge zu erledigen. Ich habe dafür jetzt keine Zeit."

Eine Garantie für mehr Spaß im Leben ist es, wieder auf das innere Kind zu hören, denn auch, wenn viele Ideen nicht umgesetzt werden können, bringt das innere Kind viel Freude und Energie mit sich, die uns Erwachsene auf Trab halten können.

Übung: Suche dir einen ruhigen Ort und schließe die Augen. Visualisiere das innere Kind. Du musst nicht dich als Kind sehen. Das innere Kind kann auch ein Symbol sein wie ein Wasserball oder nur ein kleiner, leuchtender Stern. Wichtig ist, dass es etwas Positives ist und etwas mit Spaß und Freude zu tun hat. Gib nun deinem inneren Kind genügend Raum, damit es sich äußern kann, und höre ihm zu. Was sagt es? Was möchte es tun und warum? Was findet es spaßig und was findet es langweilig? Wähle eine Sache aus, die dein inneres Kind dir vorgeschlagen hat, und setze diese Sache in der nächsten Woche in die Tat um.

Suche das Abenteuer in deinem Leben

Von klein auf wird uns Menschen beigebracht, dass wir nicht alle Dinge im Leben kontrollieren können, aber dass wir die Dinge, die wir kontrollieren können, so genau und detailliert planen sollten, wie es uns möglich ist. Uns wird beigebracht, dass wir schon mit 18 Jahren wissen sollten, welchen Beruf wir einmal machen möchten, ob wir heiraten und Kinder haben wollen, und dann ist da noch das Haus, das wir bauen sollten und wofür wir einen riesigen Kredit bei der örtlichen Bank aufnehmen. Unser Leben ist dann nicht mehr spontan. Die Entscheidungen, die wir mit 18 oder sogar in jüngeren Jahren getroffen haben, begleiten uns unser Leben lang und bestimmen den Verlauf unserer Lebenszeit. Wir entscheiden uns für Beruf, Familie und Wohnort, und das war es dann. Für Abenteuer ist da nicht viel Platz. Zumindest scheint es auf den ersten Blick so. Unser Leben wird dann von Arbeitszeiten, geschäftlichen Entscheidungen und unseren Kindern bestimmt. Der Urlaub wird in die Woche gelegt, in der der Partner Urlaub hat und die Kinder Sommerferien haben. Der Sommerurlaub jedes oder jedes zweite Jahr wird bereits ein halbes Jahr zuvor detailliert geplant. So ist es uns schon in der Kindheit beigebracht worden. Spontaneität wird mit einem Kopfschütteln erwidert. Man muss doch planen! Man kann doch nicht einfach machen, wie man lustig ist! Ähnlich wie beim Alltagstrott versinkt man nach einer aufregenden Anfangszeit in seiner Routine. Es wird geplant, vorhergesehen und dann weiter geplant, sodass alles, was erledigt werden muss, auch erledigt werden kann. Und das nächste Jahr? Das sieht nicht besonders anders aus. Die Kinder sind ein wenig größer und der Kredit etwas kleiner, aber man sitzt immer noch abends im gleichen Wohnzimmer, schaut die gleichen Serien und Filme. Die Lebensfreude kann bei diesen Voraussetzungen leicht vergessen werden. Sie scheint an eine hintere und unwichtige Stelle zu treten, während nur wichtig ist, was für alle wichtig sein könnte, nicht mehr für einen selbst. Man denkt in Form der Familie und nicht mehr als ein Individuum, dass sich selbst verwirklichen möchte.

SCHRITT FÜR SCHRITT ZUM ABENTEUER

Nun folgen fünf Tipps für mehr Abenteuer im Leben. Wie schon beim letzten

Kapitel sind diese Tipps als Anregungen gedacht und müssen nicht zwingend ausprobiert werden oder zu einem passen. Auch hier gilt wieder, zu sehen, ob einem die Dinge liegen und welche funktionieren. Probiere dich durch!

Tipp 1: Das Abenteuer im alltäglichen Leben sehen

Es mag befremdlich klingen, sein eigenes Leben als ein Abenteuer für sich zu sehen, doch längerfristig betrachtet, ist dieser Tipp genau das, was helfen kann. Wer nämlich pessimistisch und gelangweilt auf sein Leben sieht und nicht erkennen kann, was genau daran spannend und interessant ist, der sollte mal seine Brille putzen.

Jedes Leben ist für sich interessant und besonders. Wenn man den Veränderungen im eigenen Leben Beachtung schenkt, kann man das Abenteuer an jeder Ecke sehen. Vielleicht bekämpft man keine Drachen oder Dämonen, aber dennoch gibt es in jedem Leben Schwierigkeiten, die man überwinden muss, Probleme, die es zu lösen gilt, und Dinge, die man vermeiden möchte. Das Aufziehen von Kindern und die eigene Karriere können für sich als ein Abenteuer gesehen werden. Es handelt sich hierbei um kein Märchen oder Fantasy-Geschichten, aber trotzdem ist es ein Abenteuer, das man hat. Wir bekommen nur das eine Leben und sollten aus ihm das Beste machen.

Tipp 2: Verstehen, dass andere Zeiten kommen

Wenn man sein Leben langweilig findet, kommt es oft daher, dass sich lange nichts mehr verändert hat und dass man vergessen hat, wie es ist, wenn sich Dinge drastisch und schnell verändern und das eigene Leben auf den Kopf gestellt wird. Mache dir deswegen bewusst, dass das Leben, das du gerade führst und das für dich langweilig und frei von jeglicher Aufregung ist, nicht immer dein Leben sein wird, und dass sich Dinge zukünftig verändern werden.

Das kannst du positiv, aber auch negativ sehen. Sicher gibt es Dinge, die sich so weit verändern, dass du die alten Zeiten vermisst. Das ist oft der Fall bei Eltern mit kleinen Kindern. Sie schauen eines Tages zurück und denken daran, wie alles noch war, als die Kinder klein waren, und wie süß und einfach sie waren. Aber manche Veränderungen sind auch gewünscht oder haben zwei Seiten. Es wird jetzt in deinem Leben Aspekte geben, die du später vermissen wirst, und es wird Dinge geben, die du nicht vermissen wirst. Mache dir bewusst, dass Veränderung schon hinter der nächsten Ecke stehen könnte, und genieße dein Leben jetzt so, wie es gerade ist. Eines Tages wirst du es vermissen.

Tipp 3: Etwas Sicheres wagen

Das Wort 'wagen' und das Wort 'sicher' passen eigentlich nicht zusammen. Während 'etwas zu wagen' darauf schließen lässt, dass ein Risiko eingegangen wird, lässt das Wort 'sicher' vermuten, dass es sich um etwas Festes und eventuell sogar Geplantes handelt. Etwas Sicheres zu wagen soll bedeuten, dass man ein Risiko eingeht, dass kein wirkliches Risiko ist. Das kann eine Veränderung in die richtige Richtung sein oder etwas Kleines, das man schon immer versuchen wollte.

Tipp 4: Gesund risikobereit

Nachdem man etwas Sicheres gewagt hat, kann man diese Einstellung weiter ausbreiten und gleichzeitig sollte man beachten, dass alles, was man tut, auch andere betrifft. Besonders ist das der Fall, wenn man eine Familie hat und demnach Verantwortung trägt.

Gesund risikobereit zu sein, bedeutet, dass man zwar mit einer wagemutigen Einstellung an Dinge herangeht, jedoch sich dessen bewusst ist und auf die Bremse drückt, wenn es besser wäre, nun zu stoppen. Die gesunde Abenteuerlust hat viel mit der Reflexion des eigenen Verhaltens zu tun. Man muss sich selbst oft betrachten und sicherstellen, dass man zwar weit geht, aber nicht zu weit.

Tipp 5: Veränderungen genießen

Wenn man das Abenteuer in seinem eigenen Leben erkennen möchte, ist es zudem wichtig, Veränderungen zu genießen. Sie sind es schließlich, die Abenteuer und viel Neues ins Leben bringen und uns auffordern, uns zu verändern, neue Dinge auszuprobieren oder neue Wege zu gehen. Sie fordern uns heraus und sorgen dafür, dass wir schnell und unerwartet handeln müssen.

Besonders, wenn die Veränderungen plötzlich und ohne Vorwarnung kommen, führt es meist dazu, dass wir Angst haben, uns sorgen und zurückwollen in eine Zeit, in der wir noch alles kannten. Doch wer zurückwill und sich versteckt, sagt Nein zum Abenteuer. Die logische Reaktion auf eine Veränderung, wenn man sich mehr Abenteuer in seinem Leben wünscht, ist es deswegen, dass man sich über Veränderungen jeglicher Art freut, sie als eine Herausforderung annimmt und nicht direkt den Kopf in den Sand steckt.

Bewege dich, ohne es zu einer Verpflichtung werden zu lassen

Die Schönheitsziele der westlichen Gesellschaft sind es, schlank zu sein, definierte Muskeln zu haben und dazu noch gesund und glücklich auszusehen. Um diese Ziele zu erreichen, melden sich viele Menschen, besonders Anfang des Kalenderjahres, bei einem örtlichen Fitnessstudio an. Dort werden monatlich Gebühren dafür gezahlt, dass man jederzeit trainieren oder an Kursen teilnehmen kann.

Doch nach den ersten drei Wochen werden die Sportklamotten nach dem Waschen wieder in den Schrank gelegt und häufiger kommt man nun wieder nach Hause und setzt sich direkt auf das Sofa, anstatt sich auf das Fahrrad zu schwingen und zum Fitnessstudio seines Vertrauens zu radeln. Aber wieso fällt es Menschen so schwer, bei ihren sportlichen Angewohnheiten zu bleiben, und wieso ist Sport unter den meisten so verhasst?

Das hat verschiedene Gründe. Zunächst soll es um die psychologische Ebene gehen.

WARUM MENSCHEN SPORT HASSEN

Die meisten Menschen vermeiden sportliche Aktivitäten. Wenn man sich nicht in seiner Jugend in eine bestimmte Sportart verliebt hat und genug Ehrgeiz hat, um auch im Erwachsenenalter bei ihr zu bleiben, hört der Sport meist mit dem Sportunterricht in der Schule auf. Hier wird man mit seinen Klassenkameraden verglichen und für seine Leistungen benotet. Wer weiter springt, bekommt eine bessere Note. Das führt öfter zur Frustration als zum Glücklichsein. Es folgen nun fünf Gründe, wieso für die meisten Menschen Sport etwas ist, was es zu umschiffen gilt.

Grund 1: Es schmerzt und ist anstrengend

Gerade, wenn man erst mit dem Sport und der Bewegung beginnt, ist Sport nicht nur eine kräftige psychische Motivationskunst, sondern auch eine körperliche. Untrainierte Menschen haben oft Schmerzen und unangenehme Gefühle, wenn sie Muskeln trainieren wollen oder die anspannen, die sie schon lange nicht benutzt oder trainiert haben.

Das erste Work-out ist da zwar die Ausnahme, da man selbst sich bewusst ist, dass es das erste Mal ist und es nun einmal schwer am Anfang ist, aber nach dem dritten Mal, bei dem sich noch nichts verändert hat, wird man frustriert und ärgert sich über die Schmerzen, die auch die Tage nach dem Sport nicht wegzugehen scheinen.

Grund 2: Es führt zur Konfrontation mit den eigenen Limitationen

Wie auch vieles andere hängt die Sportlichkeit eines Menschen unter anderem an den genetischen Voraussetzungen. Das kann heißen, dass Menschen nicht gern aufs Laufband gehen, da ein Knie kaputt ist oder sie Schwierigkeiten mit ihren Schultern haben.

Im Sport spürt man seinen ganzen Körper. Das kann ein befreiendes Gefühl sein, meist ist es jedoch eher mit Scham und ungewollter Konfrontation verbunden. Man wird sich selbst bewusst, wo die eigenen körperlichen Grenzen sind, was geht und was wiederum nicht geht. Das führt nur selten zu einem Schub an Motivation.

Grund 3: Unrealistische Ziele und Wünsche

Die meisten Fitnessstudios werben damit, dass man bei ihnen seine Ziele erreicht und bei fleißigem Training seinen absoluten Traumkörper erreichen kann. Hier wird ignoriert, dass viele Personen genetisch dazu veranlagt sind, schneller zuzunehmen und schwerer abzunehmen. Auch muss laut des Fitnessstudios am besten jeden Tag trainiert werden, wenn man wirklich seine Ziele erreichen will.

Viele Menschen setzen sich so hohe Ziele, die ihnen auch vom Fitnessstudio vorgeschlagen werden, dass sie diese nicht erreichen können und auch nicht könnten, wenn sie jeden Tag trainierten. Und wer trainiert schon jeden Tag für mehr als zwei Wochen? Diese unrealistischen Ziele sorgen dafür, dass die Motivation sinkt.

Auch, wenn man seinem Ziel eine Weile näherkommt und man an sich körperliche Veränderungen merkt, passiert es oft, dass man einen Rückschlag erleidet. Das Ziel gerät weiter weg und die Lust zum Trainieren sinkt immer noch weiter. Man hat kein Erfolgserlebnis. Und wer geht schon gern jeden Tag zum Training, nur um nichts zu erreichen?

Grund 4: Menschen vergleichen sich mit anderen

Nicht nur auf dem Laufband schielt man mal hinüber zur Person, die neben einem trainiert. Besonders in den Kursen schaut man sich um und bemerkt, dass viele der dort anwesenden Personen andere Körperformen haben. Eventuell haben sie flachere Bäuche, mehr Muskeln oder schlankere Beine. Menschen sind als Rudeltiere dazu veranlagt, sich mit anderen zu vergleichen, und das tun sie besonders dann, wenn sie sich in einer stressvollen und unangenehmen Situation befinden.

Anstatt also den eigenen Fortschritt zu beobachten und darauf zu achten, wie man sich selbst fühlt, schaut man auf andere, deren Fortschritt und meist ohne das Wissen, wie lange die Menschen schon aktiv Sport machen und wie viel. Zudem gibt es verschiedene Körpertypen, welche auch von verschiedenen Trainings unterschiedlich profitieren. Es gibt Menschen, denen es leichtfällt abzunehmen, und Menschen, die gut Muskeln aufbauen können. Genauso gut gibt es aber auch Menschen, denen diese Sachen schwerer fallen. Nicht, weil sie weniger Sport treiben oder sich ungesünder ernähren, sondern weil sie andere Gene haben, die in dieser Hinsicht nicht hilfreich sind und den Weg eher steiniger machen.

Grund 5: Die Motivation ist die falsche

Warum und wie Menschen Sport treiben, darf nicht vergessen werden. Die meisten Menschen machen aus den Gründen Sport, dass sie gesund sein, bleiben oder werden wollen, um ihre Traumfigur zu bekommen oder zu halten.

Das sind legitime Ziele, aber diese führen öfter dazu, dass man das Sporttreiben schnell aufgibt, da sie schwer zu erreichen sind. Besonders, wenn man nicht schon mit der idealen Bikinifigur das Sportstudio betritt. Sport macht oft keinen Spaß, weil es als eine weitere Verpflichtung, ein Muss, gesehen wird, eine Aufgabe, die abgearbeitet werden muss, damit man glücklich sein kann. Anstatt sich selbst zu akzeptieren, wie man ist, versucht man, sich durchgehend zu verändern und sich zu optimieren.

SCHRITT FÜR SCHRITT ZUR BEWEGUNG

Wie schafft man es nun also, dass man sich bewegt, ohne es zu einer Verpflichtung werden zu lassen? Wie bleibt man beim Sport und wie genießt man ihn sogar? Es folgen nun fünf Tipps, mit denen du dich wieder bewegen kannst, ohne dabei zu verzweifeln, dir wehzutun und dein Selbstbewusstsein sinken zu lassen. Probiere all diese Tipps aus und wende sie nach und nach an.

Tipp 1: Lasse es langsam angehen

Der erste und wichtigste Tipp ist, es langsam angehen zu lassen. Du musst dir nicht sofort eine neue Sportgarderobe zulegen und einen Marathon laufen. Beginne mit kleinen und einfachen Work-outs. Suche dir etwas, das dich zwar ein bisschen herausfordert, dir aber in erster Linie zeigt, was an Sport positiv ist und wieso er Spaß machen kann. Es geht hier nicht darum, Gewicht zu verlieren oder ein Sixpack aufzubauen, sondern erst einmal sollst du wieder Lust darauf bekommen, dich zu bewegen.

Anstatt dich gleich beim Fitnessstudio anzumelden, informiere dich über Probezeiten und bindungsfreie Kurse, die man unabhängig von einer Mitgliedschaft buchen kann. Gehe auch ins Internet und suche dort auf Websites wie YouTube nach virtuellen Work-outs, die du dir dann anschauen kannst, wenn es gerade passt, und wo du, wenn du möchtest, auch pausieren oder unterbrechen kannst. Lasse dich zudem nicht von den ganzen Angeboten und Möglichkeiten überschwemmen: Probiere erst eines aus und versuche nach einer Zeit etwas anderes. Nicht alles auf einmal. Das tut weder deiner Motivation noch deinem Körper gut.

Tipp 2: Fange mit dem an, wo du weißt, dass es dir Spaß machen wird

Zu dem leichten und langsamen Anfang in die Bewegung gehört auch, dass du dir eine Sportart oder eine Weise der Bewegung suchst, die du bereits kennst und von der du weißt, dass sie dir Spaß macht. Bist du beispielsweise als Kind gern geschwommen, besorge dir mal eine Eintrittskarte für das örtliche Schwimmbad. Bist du in der Schulzeit lieber gelaufen, jogge doch einfach einmal um den Block. Es bietet sich auch an, mit etwas zu beginnen, wofür du nicht viel Extrawissen brauchst. Es kann zunächst erdrückend sein, im Yoga-Kurs nicht mitzukommen, weil man die ganzen Figuren nicht kennt. Das kann der Motivation kräftig schaden.

Am besten sind Sportarten, bei denen du immer wieder das Gleiche tust, wie Schwimmen, Laufen oder Fahrradfahren. Bist du jedoch eher ein Teamplayer, wäre eventuell Fußball, Handball oder Volleyball etwas für dich. Hierfür kannst du dich über aktive Gruppen informieren oder du fragst in deinem Freundeskreis nach, wer mal Lust auf eine Runde hätte.

Tipp 3: Keine zu hohen Ziele stecken

Wenn man im Fitnessstudio ankommt, setzt man sich sofort Ziele. Meist wird einem ein Trainingsplan vorgelegt, an den man sich halten soll und mit dessen Hilfe man seine Ziele erreichen wird. Das können Ziele für die eigene Figur oder die eigene Leistung sein. Diese Ziele motivieren zu Beginn und lassen einen in den ersten Momenten der Bewegung aufblühen, doch nach einer kurzen Zeit, in der nichts passiert, sinkt die Motivation wieder.

Um mit Sport seine Traumfigur zu erreichen, braucht es Disziplin und sehr viel Zeit. Es dauert Monate, bis der Körper durch sportliche Betätigung Veränderungen einleitet. Die Bewegung durch den Sport muss zudem meist mit einer sehr gesunden, ausgewogenen und strikten Ernährungsweise verbunden werden. Und selbst dann ist nicht gesagt, dass man die Ziele, die man hat, wirklich erreicht. Für den Anfang ist es deswegen wichtig, sich keine hohen Ziele zu stecken. Am besten ist es, wenn man kein anderes Ziel hat, als demnächst wieder Sport zu machen. So stellt man sicher, dass man beim nächsten Training ein Erfolgserlebnis hat, denn man hat sein Ziel erreicht.

Tipp 4: Setze dir Scheuklappen auf

Ein Problem, gerade in einem Umfeld, in dem mehrere Menschen Sport machen, ist der Vergleich mit anderen. Gerade in Kursen, in denen man direkt nebeneinandersteht und Zeit hat, sich umzusehen, vergleicht man sich mit den Kursteilnehmern. Viele von ihnen scheinen es bei den Übungen leichter zu haben und sie scheinen zudem in Topform zu sein. Das frustriert besonders den neuen Sport-Enthusiasten und demotiviert. Deswegen sollte man sich mentale Scheuklappen aufsetzen.

Anstatt den Fokus auf das zu legen, was um einen herum vor sich geht, sollte man sich auf sich selbst und seinen Körper konzentrieren. Das bedeutet, dass man auf den Trainer und sich selbst achtet. Wenn man auf dem Laufband steht oder in der Natur Fahrrad fährt, ist das noch einfacher: Man kann sich mit schöner Musik, einem Hörbuch oder dem Betrachten der Umgebung beschäftigen. Nutze also die Zeit, die du mit deiner ausgewählten Sportart verbringst, nicht damit, dich mit Vergleichen zu beschäftigen, sondern bei dir selbst anzukommen und auch dort zu bleiben.

Tipp 5: Warum machst du Sport und wieso bleibst du dabei?

Die meisten Menschen, die mit dem Sport anfangen, haben nicht nur ein klares Ziel, sondern auch eine Anfangssituation, mit der sie nicht zufrieden sind. Oft hört man den Satz: „Ich habe in letzter Zeit so viel zugenommen. Deswegen muss ich jetzt mal wieder mit dem Sport anfangen." Die Motivation ist also klar. Doch sorgt sie nur selten für Erfolge.

In der Motivation steckt auch eine schamvolle Mitteilung: Man macht sich selbst herunter. Es bietet sich an, eher eine positive Motivation zu haben, die nichts mit der Unzufriedenheit mit dem eigenen Körper oder der eigenen Fitness zu tun hat. In Tipp 1 haben wir schon angesprochen, dass sofortige und hohe Ziele nichts bringen.

Nach einer Zeit sollte man jedoch eine klare Motivation für seine sportliche Betätigung haben, um auch dabei zu bleiben. Die Motivation für das Treiben von Sport sollte etwas mit dem Nutzen für sich selbst, sein Wohlbefinden und seine Fitness zu tun haben. Denkbar sind solche Sätze:

1. Ich treibe Sport, weil ich merke, dass es mir guttut.

2. Ich treibe Sport, weil ich so einen Ausgleich zur Büroarbeit habe.

3. Ich treibe Sport, um mich nach einem anstrengenden Tag zu belohnen.

4. Ich treibe Sport, um meinen Frust herauszulassen.

5. Ich treibe Sport, weil ich mich danach zwar müde, aber gut fühle.

Genieße mit all deinen Sinnen

Menschen und Tiere unterscheiden sich dahingehend, dass Tiere nicht weiter als den jetzigen Moment denken. Sie planen nicht, was es heute zum Abendbrot gibt, oder fragen sich, was passieren würde, wenn sie die Beförderung bekommen. Tiere entscheiden nicht, welchen Beruf sie später machen wollen und welche Ausbildung sie dafür brauchen. Tiere essen, schlafen, beschaffen Futter und vermehren sich. Aber eines können Tiere auch besser als Menschen: Sie können den Moment genießen, ohne sich um den nächsten zu sorgen. Das sieht man schon allein, wenn man eine junge Katze beim Spielen und Entdecken beobachtet. In einem Moment hat der raschelnde Busch ihre Aufmerksamkeit und im nächsten schaut sie fasziniert einem Schmetterling hinterher.

Menschen verpassen vieles, was hier und jetzt und gerade in diesem Moment passiert, dadurch, dass sie sich Gedanken um den nächsten machen, sich sorgen und versuchen, ihr Leben zu planen. Das kann kleine Dinge wie den Einkauf betreffen und auch große wie die Planung einer Familie oder einer Reise. Und Planung ist nichts Schlechtes. Sie hilft uns Menschen dabei, uns zu ordnen, zu organisieren und zu erkennen, was als Nächstes zu tun ist. Doch vergessen wir meist den jetzigen Moment und die Freude, die er mit sich bringt.

Und was ist, wenn das Ziel erreicht wird? Wenn man im Urlaub ist oder eine Familie gegründet hat? Hat man dann Ruhe und genießt den Moment? Nein, Menschen planen weiter und finden immer wieder neue Dinge, die ihnen Sorgen bereiten. Das Leben scheint dadurch hoffnungslos, denn zufrieden ist man nicht und man bekommt eigentlich nicht mit, was um einen herum vorgeht. Um seine Lebensfreude zu maximieren, kann man sich antrainieren, einen Moment bewusst und mit allen Sinnen zu genießen.

DIE SINNE DES MENSCHEN

Der Mensch hat in der Regel fünf Sinne, über die er seine Umwelt wahrnimmt. Diese Sinne werden durch Sensoren in der Haut, auf der Zunge, auf der Netzhaut, in der Nase und im Ohr aufgenommen und an das Gehirn weitergeleitet. Die Informationen, die im Gehirn gefiltert ankommen, werden dann in einen Kontext gesetzt und bewusst wahrgenommen.

Da alle Sinneswahrnehmungen bereits gefiltert sind, nehmen Menschen nicht automatisch alles um sie herum wahr, was gerade geschieht. Das führt auch dazu, dass der Eindruck der Welt verzerrt ist.

Sehen

Auf der Netzhaut sind Sehzellen angesiedelt, die bei Tag und Nacht visuelle Reize aufnehmen. Durch den Sehnerv werden die Reize weiter zu jenem Zentrum im Gehirn geleitet, in dem alle visuellen Reize verarbeitet werden. Die Filterung passiert dadurch, dass Menschen keinen uneingeschränkten Blick auf alles haben, was sie umgibt.

Man muss seinen Kopf oder seinen ganzen Oberkörper drehen, um die Dinge sehen zu können, die man zuvor nur im Augenwinkel hatte. Es können Gegenstände gezielt angesehen und fokussiert sowie andere ignoriert werden, wenn sie gerade für den Sehenden nicht wichtig sind.

Hören

Der Schall und die Geräusche, die im Ohr ankommen, werden von den dortigen Nervenzellen aufgenommen und durch die Nervenbahnen hinter dem Hörorgan weiter an das Gehirn geleitet. Das Hören kann nur wenig gefiltert werden. Man kann den Sinn auch in der Nacht nicht abstellen und hört immer alles unbewusst. Doch durch Fokussieren kann man gewisse Geräusche besonders bewusst aufnehmen und andere ignorieren.

Schmecken

Die Geschmacksknospen der Zunge sind dafür zuständig, die Moleküle des Essens wahrzunehmen und zu identifizieren, um welchen Geschmack es sich handelt. Hier wird zwischen süß, salzig, sauer und umami unterschieden.

Wissenschaftler dachten lange, dass bestimme Regionen der Zunge für bestimmte Geschmacksrichtungen zuständig sind, jedoch konnte bereits festgestellt werden, dass die Geschmackszellen aller Arten sich quer über die Zunge verteilen. Auch den Geschmack kann man nur bewusst filtern. Man kann wählen, was man isst und was nicht. Jedoch, wenn man Essen im Mund hat, schmeckt man es auch.

Riechen

Der Geruchssinn und der Geschmackssinn sind miteinander verbunden. Hält man sich die Nase zu, kann man das, was man im Mund hat, nicht mehr schmecken. Die Riech-Rezeptoren in der Nase sind jeweils an bestimmte Gerüche gewöhnt und haben somit quasi ein „Gedächtnis".

Das bedeutet, dass, wenn man etwas riecht, was man zuvor gerochen hat, die Erinnerung an die vergangene Situation zurückkommt. Die Rezeptoren reichen das Signal weiter an die Nervenbahnen und an das Gehirn. Hier wird der Geruch eingeordnet und in den Kontext gesetzt. Filterung beginnt hier auch eher bewusst, indem man sich die Nase zuhält oder den Kopf vom Geruch wegdreht.

Fühlen

In unseren Fingerspitzen und in anderen Regionen des Körpers sitzen ebenfalls winzige Rezeptoren, die den Untergrund, auf dem wir sitzen, die Türklinke, die wir anfassen, und den Hund, den wir streicheln, registrieren.

Tasten passiert meist unbewusst und automatisch und kann dadurch gefiltert werden, welcher Region des Körpers, die Tastzellen enthält, man Beachtung schenkt. Sticht ein Reiz hervor, etwa eine spitze Nadel am Finger, schnellt die Aufmerksamkeit sofort zu dieser Körperregion.

WIE MAN BEWUSSTES WAHRNEHMEN SCHULT

Die oben erklärten fünf Sinne sind zwar nicht die einzigen, die der Mensch hat, jedoch sind sie die wichtigsten, wenn es um die Wahrnehmung unserer Umgebung geht. Wenn auch beispielsweise der Gleichgewichtssinn, der wie das Hören in den Ohren seinen Ursprung hat, wichtig für das Gehen und andere Bewegungen ist, so ist er zu unbewusst, als dass man ihn schulen und bewusst wahrnehmen könnte. Mit den nun folgenden Übungen sollst du lernen, deine fünf Sinne besser und bewusst wahrzunehmen. Die Übungen solltest du am besten jeden Tag mindestens einmal durchführen, um deine Sinne bewusst aufzufordern.

Sehen mit anderen Augen

Wie auch die anderen Sinne nehmen Menschen visuelle Reize einfach so hin. Sie sind eben da und werden zur Navigation durch die Umwelt verwendet. Doch das Sehen kann besonders dann zu Entspannung führen, wenn man etwas Angenehmes vor sich hat.

Das kann ein Gemälde, eine schöne Landschaft oder ein Sonnenuntergang sein. Auch der Sternenhimmel im Planetarium oder in „freier Wildbahn" ist bombastisch anzusehen. Doch wann sehen wir uns bewusst Dinge an, ohne sie zu bewerten, sie zu interpretieren und nicht sofort weiter auf das nächste Ding zu schauen? Diese Übung soll beim bewussten Sehen helfen.

Übung: Wenn du kunstbegeistert bist, gehe in eine Galerie. Bist du eher ein Naturmensch, so suche dir einen schönen Ort. Es kann einer sein, den du bereits kennst und an dem du schon etliche Male warst. Es kann sich aber auch um einen neuen Ort handeln, den du schon immer mal besuchen wolltest. Wenn du in einer Stadt wohnst, kannst du dich auch auf den nächsten größeren Platz setzen.

Konzentriere dich nun auf das Bild oder den Ort, den du vor dir hast. Nimm ihn wahr, ohne ihn zu werten. Sieh dir die Farben und die Konturen genau an und blende deine anderen Sinne für einen Augenblick aus. Was siehst du da vor dir? Kannst du ein Farbenspiel erkennen? Ist da eine Stelle oder ein Stück in deinem Blickfeld, die oder das dich besonders beeindruckt und fasziniert? Wenn ja, wieso?

Genaues Hinhören

Geräusche und Klänge gehören oftmals zu unserer Umgebung. Wie benutzen sie, um uns in unserer Umwelt zurechtzufinden, zu navigieren und die Lage einzuschätzen. Wir hören, was in unserem Umfeld vor sich geht, und werden zum Beispiel durch das Klingeln eines Fahrradfahrers oder das Hupen eines Autofahrers gewarnt. Die Geräusche sind je nach Lautstärke mehr oder weniger Teil unseres Eindrucks. Leise Geräusche, wie das entfernte Rasenmähen des Nachbarn, können wir leichter ausblenden als das laute Bellen unseres Hundes oder das Dröhnen des Staubsaugers.

Doch wenn wir uns fokussieren und gezielt auf eines dieser Geräusche konzentrieren, können wir es hören, identifizieren und verfolgen. Möchte man genau hinhören und somit bewusst wahrnehmen, welche Geräusche und Laute es im

Umfeld gibt, hilft es, andere Sinne zu minimieren. Es kann helfen, bei der folgenden Übung die Augen zu schließen und auch die anderen Sinneskanäle neutral zu halten. Wenn man gerade ein Stück Käsekuchen im Mund hat, kann es schon sein, dass der Geschmack des Essens den Fokus auf das Geräusch nicht oder nur schwer zulässt.

Übung: Setze dich dorthin, wo du gerade bist. Setze dich gerade und bequem hin und schließe deine Augen. Dann konzentriere dich auf deine Ohren und darauf, was du hörst. Falls es dir hilft, kannst du dir einen Lautstärkeregler vorstellen, den du weit aufdrehst. Nun nimm dir eine Minute Zeit und höre nur hin. Was hörst du? Wie hört es sich an? Ist es leise oder laut? Nimmt es viel Platz ein oder ist es ganz hinten in einer Ecke und fast kaum wahrnehmbar? Weißt du, was es ist, oder musst du raten? Gibt es mehrere Geräusche oder hörst du nur eine Sache?

Wenn du mehrere Dinge hörst, wie harmonieren sie miteinander? Gehören sie zusammen oder kommen sie aus unterschiedlichen Richtungen? Übertönt das eine Geräusch das andere oder haben sie beide die gleiche Lautstärke? Wie weit entfernt sind die Geräusche? Ist die Quelle in dem Gebäude, in dem du dich befindest, oder irgendwo auf der anderen Seite der Straße?

Diese Art der Übung kannst du überall und zu jeder Tageszeit wiederholen. Um dich selbst zu schulen, kannst du in ruhigen und auch stressigen Momenten einfach kurz die Augen schließen und hinhören. Stelle dir die Fragen und lasse dich auf die Geräusche ein. Du wirst sehen, dass es dich ablenken und auch entspannen kann.

Mit Leib und Seele schmecken

Auch Geschmäcker werden oftmals nur so hingenommen und akzeptiert. Das ist besonders dann der Fall, wenn wir ein Gericht schon oft gegessen haben. Wir wissen, was uns erwartet, und wenn es sich dieses Mal nicht von dem letzten Mal unterscheidet, nehmen wir das Essen kaum wahr.

Gerade Gerichte, die nicht sehr gesalzen oder gesüßt sind, gehen oft in den Mund und werden heruntergeschluckt, ohne weiter darüber nachzudenken. Essen wird häufig nur als eine Notwendigkeit gesehen: Man muss etwas essen, um danach wieder genügend Energie für den restlichen Tag zu haben oder um seine Energie aufzutanken, die man zuvor am Tag verbraucht hat. Gegessen wird meist nicht um des Essens wegen. Auch bei Familienzusammenkünften steht das Essen nicht im Vordergrund. Hier wird neben dem Essen mit den Familienmitgliedern geredet und das Gericht nebenbei verschlungen. Schmeckt es nicht zu schlecht, um es herunterzukriegen, wird auch dies meist nicht beachtet.

Übung: Kaufe dir eine leckere Süßigkeit, eine knackige Frucht wie einen Apfel oder etwas anderes, das du gern isst. Du kannst dir auch ein Essen zubereiten, das eine besonders leckere Note hat und heraussticht. Nimm dir nun in Stück oder beiße in deine gewählte Frucht oder Süßigkeit hinein. Konzentriere dich nur auf den Geschmack in deinem Mund. Wenn es dir hilft, schließe die Augen oder gehe an einen Ort, an dem du nicht gestört wirst. Tauche in den Geschmack ein:

Schmeckst du etwas sehr Salziges, etwas sehr Süßes oder sogar etwas Saures? Wie fühlst du den Geschmack in deinem Mund? Prickelt etwas? Ist es warm oder kalt? Ist es vielleicht sogar zu heiß oder zu kalt für dich? Woher kommt das? Wie verteilt sich der Geschmack in deinem Mund? Wie ist die Textur des Essens? Verändert sich der Geschmack nach einer Zeit? In welche Richtung verändert er sich? Wird er intensiver oder wird er schwächer?

Schaue dir nun das Essen, also den Apfel, die Süßigkeit oder das gewählte Gericht an. Wie sieht es aus? Was ist daran besonders? Enthält es mehrere Farben oder ist es vielleicht eine eintönige Suppe? Nimm dir nun noch einen Mundvoll. Ist der zweite Versuch anders? Hat sich etwas geändert an der Intensität? In welche Richtung?

Riechen mit Genuss

Der Sinn des Riechens und der Sinn des Schmeckens sind zwar dicht beieinander und unterstützen sich gegenseitig, indem man schmeckt, was man riecht, und riecht, was man schmeckt, aber der Fokus beim bewussten Wahrnehmen ist ein komplett anderer. Auch wenn wir, gewollt oder ungewollt, bei der zuvor beschriebenen Geschmacksübung unsere Nase nicht abstellen konnten, werden wir uns nun auf den Geruchssinn fokussieren. Dieser gerät oft in Vergessenheit, da er gerade von Menschen, denen Essen und Genuss nicht wichtig sind oder die sich auf andere Dinge fokussieren, ignoriert wird.

Doch gerade der Geruchssinn hat seine Daseinsberechtigung. Riechen wir an Lebensmitteln und mögen wir den Geruch nicht, kann das daher kommen, dass die Lebensmittel schlecht oder giftig sind. Gerade die Dinge, die gesund sind (und leider auch Fast Food), riechen dagegen sehr gut und werden gern von uns verzehrt. Auch unser Umfeld macht sich mit dem Geruch bemerkbar.

Der Geruch eines Raumes kann uns sagen, wie oft er gelüftet wurde oder ob sich Schimmel in ihm befindet. Wir können unsaubere von sauberen Räumen unterscheiden und so auch die Entscheidung treffen, ob wir den unsauberen Raum verlassen oder putzen wollen. In der folgenden Übung lernst du den Geruchssinn von seiner genüsslichen Seite kennen. Er kann nämlich nicht nur nützlich, sondern auch wundervoll sein und uns in dem jetzigen Moment erden.

Übung: Gehe nach draußen in die Natur. Wenn du ländlich wohnst, gehe in den Wald oder auf eine Wiese, wenn du in einer Großstadt zu Hause bist, besuche einen botanischen Garten oder einen Stadtpark. Sollte gerade keine Blume blühen, da es Winter ist, suche dir ein Gewächshaus oder einen botanischen Garten, der tropische Pflanzen führt, die innen gepflegt werden und auch jetzt blühen. Bist du gegen Blumen, Pollen oder Samen allergisch und möchtest keine allergische Reaktion bekommen, kannst du auch ein ätherisches Öl kaufen, dir einen Früchtetee kochen oder die Übung mit einem Parfüm oder einer Seife durchführen.

Nimm dir nun einen Augenblick Zeit und rieche an der Blume, der Pflanze, dem Parfüm, dem Tee oder dem Gegenstand, den du dir ausgesucht hast. Öffne deine Nasenlöcher so weit, wie es dir möglich ist, und schließe dabei die Augen, wenn es dir hilft, den Geruch zu verinnerlichen. Atme den Duft ein und stelle dir diese Fragen:

Wonach riecht das? Wirst du durch den Geruch an irgendetwas erinnert? Wenn ja, woran wirst du erinnert? Ist es eine schöne Erinnerung? Wo spürst du den Geruch am ehesten und wo lang zieht sich der Duft? Nimmst du den Geruch nur direkt am Gegenstand wahr oder kannst du ihn auch mit etwas Abstand riechen? Wie weit kannst du dich von dem gewählten Gegenstand entfernen und den Duft immer noch riechen? Welche Gefühle löst der Duft in dir aus? Ist er angenehm? Spürst du, wie er in deine Nase steigt?

Die Umgebung ertasten und eintauchen

Für die meisten Menschen besteht die Umgebung eher aus visuellen und auditiven Eindrücken, als aus den Eindrücken, die sie durch den Tastsinn wahrnehmen. Dieser scheint meist überflüssig zu sein, da man es den meisten Oberflächen ansieht, ob sie eher rau oder weich sind, ob sie kalt oder warm sein werden. Man kann sich denken, dass ein gerade abkühlender Herd glatt und immer noch warm sein wird und der Schnee morgens kalt ist. Doch wie die anderen Sinne auch hat der Tastsinn seine Aufgaben. So fühlen wir Menschen uns nicht nur durch unsere Umgebung, sondern wir können uns selbst auch erst durch das Tasten und Fühlen besser verstehen.

Wir merken durch die Sensoren auf der Haut, ob es irgendwo zwickt, ob etwas wehtut und welcher Reiz dafür zuständig ist. Wir merken den kalten Wind auf unserer Gesichtshaut und ziehen uns daraufhin vielleicht den Schal weiter ins Gesicht. Oder wir wischen uns den Schweiß von der Stirn, der uns das Gesicht heruntertropft. Das Tasten und Fühlen ist eine wichtige Art und Weise, unsere Umgebung kennenzulernen und sie zu verstehen. Die folgende Übung soll dich dazu bringen, einmal fokussiert auf diesen Sinn zu achten und dich durch ihn besser zu verstehen.

Übung: Nimm dir einen Moment Zeit und schließe deine Augen. Konzentriere dich auf deinen Körper. Nimm wahr, welche Stoffe du auf deiner Haut trägst und wo du sie spürst. Lasse dich für einen kurzen Moment nur auf diese Eindrücke ein und vergiss die Welt um dich herum.

Wie fühlst du dich? Ist dir warm oder kalt oder hast du den Eindruck, dass die Temperatur genau richtig ist? Was nimmst du noch über deine Haut wahr? Fühlst du den Untergrund, auf dem du sitzt, oder merkst du, auf welchem Boden deine Füße stehen? Vielleicht ist da ein Teppich, Laminat oder ein ganz anderer Boden? Wo sind deine Hände? Greifen sie etwas oder spüren sie etwas an sich, wie eine Lehne, einen Stoff oder etwas anderes?

Konzentriere dich nun auf dein Gesicht: Was spürst und empfindest du hier? Ist deine Stirn angespannt, sind deine Lippen zusammengedrückt oder liegen sie locker aufeinander? Bemerkst du deine Haare? Vielleicht trägst du einen Zopf oder du spürst sie an der Seite deines Gesichtes. Mache aus, ob es sich unangenehm oder angenehm anfühlt.

DAS ALLTÄGLICHE WAHRNEHMEN: WEITERE ÜBUNGEN

Um das bewusste Wahrnehmen auch nach diesen Übungen weiterhin zu schulen und zu vertiefen, kannst du jeden Tag eine dieser folgenden Übungen durchführen. Du kannst auch mehr als eine machen. Sei aber vorsichtig, nicht durch die folgende Liste zu hetzen, da das wieder für ein Leben in der Zukunft sorgt. Sei im Hier und Jetzt und lasse dich auf jede dieser Übungen ein.

Weitere Übungen zum Sehen

1. Schaue dir eine Naturdokumentation an und achte auf die Tiere und Pflanzen.
2. Setze dich abends nach draußen und beobachte den Sonnenuntergang.
3. Setze dich in den Garten und beobachte Insekten.
4. Beobachte dein Haustier oder deine Kinder.
5. Bereite Popcorn zu und schaue, wie die Maiskörner aufplatzen.

Weitere Übungen zum Hören

1. Höre dir ein klassisches Musikstück an.
2. Setze dich in ein Café und tauche in die Geräusche um dich herum ein.
3. Fahre ans Meer oder an den nächsten Fluss und höre dem Wasser zu.
4. Fahre mit der Bahn, Straßenbahn oder dem Auto und achte auf Motorgeräusche.
5. Koche dir Nudeln und höre genau zu, wie sich das kochende Wasser anhört.

Weitere Übungen zum Schmecken

1. Kaufe dir eine Tafel Schokolade und lasse dir ein Stück im Mund zergehen.
2. Putze dir deine Zähne mit einer scharfen Zahnpasta.
3. Koche ein Gericht, das du noch nie gegessen hast, und genieße es.
4. Gehe in einen Garten und probiere die essbaren aromatischen Kräuter.
5. Genieße nach dem Sport ein erfrischendes Getränk – nicht hinunterstürzen.

Weitere Übungen zum Riechen

1. Rieche an einer Blume, an der du jeden Tag auf dem Weg zur Arbeit vorbeikommst.

2. Setze dich in ein Restaurant und rieche, bevor dein Essen kommt, schon einmal den Duft aus der Küche.

3. Gehe in einen Parfümladen, trage dir etwas Parfüm zum Probieren auf und tauche in den Geruch ein.

4. Gehe in einen Wald oder an den Strand und rieche die Natur um dich herum.

5. Kaufe dir frisches Obst und Gemüse und rieche nacheinander an allem.

Weitere Übungen zum Fühlen und Tasten

1. Gehe in einen Klamottenladen und fahre mit deinen Händen über verschiedene Pullover und T-Shirts. Spürst du den Unterschied?

2. Fülle einen Sack mit rohem Reis oder mit Körnern und lasse ihn durch deine Hände gleiten.

3. Gehe in den Garten oder in einen Park und fühle die Erde und das Gras am Boden.

4. Nimm dir eine Gitarre oder ein anderes Musikinstrument zur Hand und spiele ein Stück. Konzentriere dich hierbei auf das Gefühl des Instrumentes in deiner Hand.

5. Streichele dein Haustier oder berühre deine Zimmerpflanzen.

Setze dir Ziele

Ein Grund für verschwundene Lebensfreude kann auch sein, dass man seine Ziele aus den Augen verliert oder vermeintlich keine mehr hat. Wie schon in vorherigen Kapiteln gesagt, arbeiten wir Menschen als vorausdenkende Tiere immer auf Ziele hin. Wir machen eine Ausbildung, um einen Beruf ausüben zu können, wir bauen ein Haus und möchten eine Familie. All diese Dinge sind Ziele, die wir nach und nach erreichen oder die sich ändern und unseren weiteren Lebensweg bestimmen. Doch nach einer Weile haben wir die größeren Ziele abgearbeitet und dafür gesorgt, dass das grobe Gerüst unseres erträumten Lebens steht.

Teilweise erfüllt uns das mit Freude und Stolz, denn wir haben das geschafft, was wir schaffen wollten. Wir waren erfolgreich. Doch nach kurzer Zeit ist das erträumte und geschaffene Leben nur noch unser Leben. Wir lassen die Ziele, die wir erreicht haben, hinter uns und sehen vor uns nur noch den Erhalt des jetzigen Lebens. Also erziehen wir unsere Kinder, bezahlen unser Haus ab und gehen jeden Tag zur Arbeit, um unseren Traumjob zu behalten. Die Zukunft ist gesichert und schön, doch sie enthält keine weiteren Ziele für uns, auf die wir aus sind. Das verringert Energie und sorgt dafür, dass wir uns nur langsam bewegen. Wir haben keine Motivation neben dem Erhalt unseres jetzigen Standards.

Doch wie genau setzt man sich Ziele, die man auch erreichen kann und die einen auf Trab halten? Was sollten diese Ziele für Eigenschaften haben?

EIN ZIEL SOLLTE SMART SEIN

Laut einer Regel des NLP (Neurolinguistischen Programmierens) sollte ein Ziel SMART sein.

S steht für spezifisch

Das Ziel sollte spezifisch sein. Das bedeutet, dass so eine vage Aussage wie „Ich möchte mehr Sport treiben.", laut dieses Modells nicht zu viel Erfolg führt. Setze dir ein genaues und spezifisches Ziel wie beispielsweise, dass du einmal in der Woche joggen gehen möchtest. Wenn dein Ziel spezifisch ist, kannst du es besser erreichen, da du genau weißt, was es ist.

M steht für messbar

Ein Ziel sollte messbar sein. Messbar bedeutet nicht gleich, dass du daneben ein Lineal legen solltest, um deinen Fortschritt zu messen. Es bedeutet aber, dass du auf die eine oder andere Weise feststellen können solltest, ob du deinem Ziel näher bist und wann du es erreichen wirst. Hast du beispielsweise das Ziel, jeden Tag ein kleines Work-out einzulegen, kannst du dies messen, indem du jeden Tag, an dem du eines gemacht hast, in deinem Kalender abhakst. So kannst du nach einer Woche oder einem Monat sehen, ob du dein Ziel erreicht hast. Schwer messbare Ziele sind dagegen: Ich möchte selbstbewusster werden, oder ich möchte mich mehr für Tierrechte einsetzen.

A steht für attraktiv

Menschen suchen sich nicht einfach so irgendwelche Ziele: Sie wollen etwas aus dem Erreichen der Ziele erhalten. Das bedeutet, dass es einen Nutzen geben sollte, der dich dazu animiert, das Ziel erreichen zu wollen. Ein Ziel sollte attraktiv für dich sein und dir am Ende mit etwas helfen oder dafür sorgen, dass du dich nach dem Erreichen des Ziels besser fühlst. Hast du das Ziel, die Ausbildung zur Zahnarzthelferin zu absolvieren, ohne motiviert zu sein, weil du dich nicht für den Beruf interessierst, wirst du keinen Erfolg haben oder nach Abschluss der Ausbildung nicht zufrieden sein. Suche dir etwas, an dem du Interesse hast und das dich in deinem Leben weiterbringt und erfüllt.

R steht für realistisch

Ein Ziel sollte zu erreichen sein. Natürlich ist es gut, Ambitionen zu haben und viel erreichen zu wollen, aber gleichzeitig muss man sich seiner Limitationen bewusst sein und wissen, was letztendlich machbar ist und was nicht. Ziele sollten daher kompromissbereit gesetzt werden. Wer beispielsweise das Ziel hat, ein berühmter Sänger zu werden, könnte zunächst das Ziel verfolgen, eine Online-Präsenz auf YouTube und anderen Social-Media-Plattformen aufzubauen, oder sich in der örtlichen Musikschule über Gesangsstunden und Chöre zu informieren.

T steht für terminiert

Ein gutes und smartes Ziel ist terminiert. Das bedeutet, dass es zeitlich begrenzt ist. So stellst du noch einmal sicher, dass es messbar ist, und du kannst am Ende der abgelaufenen Zeit sehen, ob du dein Ziel erreicht hast. Setze demnach, wenn du dir ein Ziel steckst, genau fest, wann du das Ziel erreicht haben möchtest. Beispiele hierfür wären:

1. Ich möchte mich diesen Monat vegan ernähren.

2. Ich möchte ein halbes Jahr lang zweimal die Woche zum Sport gehen.

3. Ich möchte dieses Jahr 5 Kilo abnehmen.

4. Ich möchte, bis ich 28 Jahre alt bin, mein eigenes Büro haben.

WENN DU DEIN ZIEL NICHT ERREICHT HAST

Sich Ziele zu setzen ist zwar der erste Schritt in die richtige Richtung, aber was passiert, wenn man trotz Motivation, Skills und Leistungen sein Ziel nicht erreicht hat? Der erste Gedanke ist bei vielen Menschen: „Ich habe mein Ziel nicht erreicht, also bin ich ein Versager!"

Doch diese Art des Denkens hilft keinem – weder dir noch deinem Ziel. Diese Art des Denkens demotiviert und sorgt dafür, dass du aufgibst und dir kein neues Ziel setzt. Wie könnte man stattdessen nach einem nicht erreichten Ziel vorgehen? Zunächst gilt es zu reflektieren, was man geschafft hat. Vielleicht hat man sein Ziel fast erreicht oder man hat zwar nicht das Ziel erreicht, was man erreichen wollte, aber dafür hat man sich ein neues Ziel gesetzt, das besser zu einem passt und das widerspiegelt, was man erreichen und sein möchte.

Suche die Schuld nicht bei dir selbst – die Welt besteht nicht nur aus dir. Es gibt immer auch Faktoren der Umwelt, die einem etwas schwerer machen, als es sein müsste. Das bedeutet jedoch nicht, dass man sich selbst nicht reflektieren sollte. Auch dies ist wichtig. Reflektiere, was du hättest anders machen sollen und woran dein Plan gehapert hat. Plane deinen nächsten Schritt und setze dir eine neue Deadline. Entwirf einen Plan, der die Erfahrungen, die du sammeln konntest, einbezieht. Sei dir auch darüber klar, dass es oft Dinge gibt, die nicht sofort funktionieren. Das heißt aber nicht, dass sie nie funktionieren werden. Nimm dir deswegen die Zeit, die du brauchst, und versuche es erneut.

Dass du dein Ziel nicht erreicht hast oder es noch nicht erreichen konntest, bedeutet also nicht, dass du ein Versager bist und aufgeben solltest. Es bedeutet, dass du dein Ziel immer noch vor Augen haben und alles dafür tun solltest, um dafür zu sorgen, mit dir selbst und mit deinen Leistungen zufrieden zu sein. Sei also nett zu dir selbst, anstatt dich mit fiesen Kommentaren zu demotivieren.

Die Liste der positiven Aktivitäten

Um seine Lebensfreude wieder zu steigern, hilft es, sich mit sogenannten positiven Aktivitäten zu beschäftigen. Eventuell weißt du schon, welche Aktivitäten für dich positiv sind und deine Geister heben. Doch falls du dir nicht sicher bist oder dir gerade nichts einfällt, soll die folgende Liste dabei helfen, dir den extra Schub an Freude zu geben:

ZU HAUSE

1. Ein gutes Buch lesen

2. Dein Lieblingsgericht kochen und essen

3. Einen schönen Film oder eine Serie schauen

4. Deinen Kleiderschrank aussortieren

5. Eine Duftkerze anzünden und meditieren

6. An einem Puzzle oder in einem Rätselheft arbeiten

7. Deine liebste Playlist anhören und laut mitsingen

8. Ein Handarbeitshobby erlernen wie Stricken, Häkeln oder Seifengießen

9. Eine neue Sprache lernen oder Grundkenntnisse auffrischen

10. Ein Musikinstrument spielen oder sich für Stunden anmelden

11. Ein kreatives Dessert entwickeln

12. Das Haus umdekorieren

13. Einen Tee oder einen Kaffee trinken

14. Dich über andere Denkweisen informieren

15. Bei einem Seminar mitmachen, das dich persönlich weiterbringen soll

16. Ein entspannendes Bad nehmen

17. Alte Fotos und Videos anschauen

18. Ein Mandala oder ein anderes Motiv ausmalen

19. Deine Haut oder deine Haare pflegen

IN DER NATUR

1. Mit dem Fahrrad eine Tour durch Wald und Wiesen machen

2. „Waldbaden" – im Wald einen Baum umarmen und tief ein- und ausatmen

3. Laufen oder walken gehen

4. Verschiedene Blätter oder Pilze sammeln

5. Den Sonnenuntergang genießen

6. Sich ein schönes Motiv suchen und es zeichnen

7. Ein Picknick veranstalten

8. Mit dem Hund einen langen Spaziergang machen

9. Garten/Balkon auf Vordermann bringen oder eine neue Zimmerpflanze kaufen

10. Ans Meer, einen See oder Fluss fahren und darin baden oder Wassertreten

11. Ein Fernglas besorgen und Vögel und andere Tiere beobachten

12. In den Bergen wandern gehen

MIT ANDEREN

1. Sich bei einer Organisation freiwillig engagieren

2. Seine Freunde bekochen

3. Mit anderen Karten oder Brettspiele spielen

4. Sich mit der Familie oder mit Freunden zum Kaffee treffen

5. Zu einem Freund oder einer Freundin fahren, die weit weg wohnt

6. Etwas mit anderen unternehmen, wie ein Planetarium oder Museum besuchen

7. Im örtlichen Tierheim aushelfen

8. Bereits Weihnachts- oder Geburtstagsgeschenke kaufen

9. Eine Freundschaft zu jemandem aufleben lassen, den man lang nicht gesehen hat

10. Schwimmen gehen oder bei schönem Wetter das Freibad besuchen

11. Ins Kino, ins Theater, auf ein Konzert oder in die Oper gehen

12. Karaoke singen

13. Mit einem guten Freund oder einer guten Freundin telefonieren

14. Zum Sporttreiben mit anderen verabreden

15. Etwas für eine Person, die dir wichtig ist, basteln

16. Im Altenheim aushelfen

Das Leben ist ein Geschenk: Wie man sich in Dankbarkeit übt

Das Leben ist wahrscheinlich das Einzige, was wir Menschen je kennen werden. Wer weiß schon, was danach kommt? Und wer kann sich an das Davor erinnern? Wissenschaftler und Religionen versuchen schon seit Tausenden von Jahren zu erklären, wie wir Menschen entstanden sind, was hinter alledem steckt und welchen Sinn das Leben für uns Einzelne hat. Wenn auch viele Theorien und Denkansätze vorliegen, gibt es keine klare Lösung, die uns als Wegweiser dienen kann.

Da das Leben das Einzige ist, das wir Menschen kennen, wird oft vergessen, dass wir nur dieses Leben haben und dass es so, wie es ist, passen muss. Ob wir wollen oder nicht. Wir können nichts umtauschen, kein Upgrade kaufen und erst recht nicht zurück- oder vorspulen. Und während viele Menschen über ihr Leben und die Umstände, in die sie geboren wurden, oder die Ereignisse, die sie durchstehen müssen, jammern und sich beklagen, wird dabei eines übersehen:

Das Leben ist ein Geschenk. Es ist das Einzige, das wir haben und jemals erleben werden, und das Einzige, was wir machen können, ist es, unser Bestes zu geben und es zu genießen. Wir können uns glücklich schätzen, noch hier zu sein und leben zu dürfen. Zu viele Menschen werden ungewollt aus ihrem Leben gerissen und wieder andere haben nahezu nichts und genießen ihr Leben täglich mit der Kraft, die sie haben. Doch wie erklärt man seinem sturen Gehirn, dass das Leben ein Geschenk ist und dass man selbst dankbarer sein sollte? Wie kommt man zu dem Punkt, an dem man jeden Tag mit einem Lächeln aufsteht und sich freut, noch hier sein zu dürfen?

SCHRITT FÜR SCHRITT ZUR DANKBARKEIT

Die folgenden Schritte sollen dir als eine Anleitung zur Dankbarkeit dienen. Gestalte die Übung so individuell, wie du magst, und passe sie an dich und deine Talente an. Du kannst für die folgenden Schritte Notizen machen, du kannst jedoch auch Symbole malen, die dein Ich widerspiegeln. Sei so kreativ, wie du möchtest.

Schritt 1: Wo bin ich?

Du kannst dir jetzt ein Blatt zur Hand nehmen oder deine Notizen durch ein anderes Medium ausdrücken. Beispielsweise kannst du zeichnen. Im ersten Schritt der Dankbarkeitsübung sollst du nun aufschreiben, wo du dich befindest. Das kannst du buchstäblich nehmen und die Stadt und das Land, in dem du wohnst, aufschreiben. Du kannst auch genauer werden und beispielsweise deine Wohnsituation näher beschreiben.

Wohnst du in einem Haus, in einer Wohnung oder in einer Wohngemeinschaft? Wenn du magst, kannst du notieren, wo du gerade sitzt oder stehst und wo du deinen heutigen Tag verbracht hast. Du kannst diesen Schritt aber auch kreativer interpretieren und auf deinen Lebensweg eingehen. Wo bist du gefühlt? An einer Abbiegung? Gehst du eine lange gerade Straße entlang oder siehst du durch Nebel oder Bäume nicht, was als Nächstes kommt?

Wenn du kein Fan von Notizen bist, kannst du auch einen Fließtext schreiben oder deine aktuelle Situation in eine kleine Kurzgeschichte verpacken.

Schritt 2: Wer bin ich?

In diesem Schritt sollst du beschreiben, wer du bist. Wie beim ersten Schritt kannst du hier sowohl buchstäblich beschreiben, wer du bist und was dich auszeichnet, oder du kannst es kreativ sehen.

Es ist zudem auch möglich, dass du beide Wege gehst und sowohl eine realistische Beschreibung deines Selbst als auch eine kreative Variante aufschreibst. So kannst du dafür sorgen, dass du auf beiden Wegen deine Eigenschaften und dich reflektierst.

Du kannst zum Beispiel aufschreiben, welches Geschlecht du hast, welchen Beruf du ausübst, ob du Kinder hast und mit welchen Dingen du dich noch identifizierst. Sei so detailliert, wie du möchtest.

Schritt 3: Wie bin ich?

Auch, wenn das „Wie“ zum „Wer“ gehört, sollst du nun darauf eingehen, wie du bist und was dich genau ausmacht. Beschreibe deine Talente, Eigenschaften, Dinge, die du ungern tust, und Sachen, zu denen du dich sehr gut motivieren kannst.

Die Frage nach dem Wie kannst du auch kreativ sehen. Du kannst ein Selbstporträt malen oder wieder eine Kurzgeschichte oder einen Essay schreiben, in dem du offenbarst, wie du bist und wie du dich fühlst. Was macht deine Existenz aus?

Als Beispiel kannst du schreiben, welche Hobbys du hast, wo du deine Talente siehst und welche Träume und Wünsche du für die Zukunft hast.

Schritt 4: Wen und was habe ich?

Die letzten Schritte haben sich mit dir und deiner Person beschäftigt. Nun sollst du auf dein näheres Umfeld blicken: Wen hast du und was hast du? Siehe dies zunächst realistisch: Welche Personen sind dir wichtig? Hast du eine Familie oder einen engen Freundeskreis? Wer ist da für dich, wenn du ihn brauchst? Wenn du die Namen deiner Liebsten und deiner liebsten Gegenstände aufgeschrieben hast, kannst du nun zum kreativen Teil übergehen und die Personen in deinem Leben beispielsweise als Ritter in schimmernder Rüstung oder als weise alte Hexe malen. Sei kreativ und gehe auf deine Vorlieben ein. Male sie so abstrakt, wie du magst, oder beschreibe ihre Persönlichkeit in einem kurzen Essay oder einer Kurzgeschichte.

Schritt 5: Was und wen sehe ich als selbstverständlich an?

Nimm dir nun alle Notizen und Werke zur Hand, die während dieser Übung entstanden sind, und frage dich, was du hiervon oft als selbstverständlich siehst. Mache dir klar, wer und was nicht selbstverständlich ist und was du alles hast und gar nicht wirklich beachtest: Hast du Dinge oder Personen übersehen? Weshalb, und was tragen sie zu deinem Leben bei? Sind es positive oder negative Dinge?

Schreibe nun auf einen neuen Zettel eine Liste und beginne jeden Satz mit den Worten: **„Ich bin dankbar für …“**

- Für wen und was bist du dankbar?
- Was hast du bis jetzt übersehen, was aber sehr wichtig für dich ist?

Um deine Dankbarkeit täglich zu schulen, kannst du es zum Ritual machen, jeden Abend vor dem Schlafengehen drei Dinge zu nennen, für die du dankbar bist. Du kannst sie ebenso in einem Dankbarkeitstagebuch aufschreiben. Auch diesen Teil der Übung kannst du so kreativ interpretieren, wie du möchtest.

Erschaffe das Bild von deinem glücklichen Ich

Wie würdest du glücklich und zufrieden aussehen? Wenn wir traurig und frustriert sind, vergessen wir meist, dass es auch anders geht und wir die Kraft haben, glücklich zu sein und zufrieden auszusehen. Um dir dieses Bild wieder in den Kopf zu rufen und es dir zum Vorbild nehmen zu können, folgt nun eine kurze Schritt-für-Schritt-Anleitung, die dir das Visualisieren eines glücklichen Ichs leichter machen soll.

SCHRITT FÜR SCHRITT ZUR VISUALISIERUNG

Mit dieser Anleitung wirst du im Handumdrehen dein glückliches Ich vor Augen sehen können. Nimm dir genügend Zeit und Ruhe. Erschaffe vor der Übung eine angenehme Atmosphäre, in der du dich wohlfühlst und entspannen kannst.

Schritt 1: Dein Gesicht

Schließe deine Augen, lehne dich zurück und stelle dir so gut, wie es geht, dein Gesicht vor. Du kannst es beispielsweise erst mit einem neutralen Ausdruck vor dir sehen. Es hilft, vor der Übung einmal kurz in den Spiegel zu sehen. Stelle dir alle deine Gesichtszüge vor und lasse sie dann aufblühen. Stelle dir vor, du lächelst weit, deine Wangen gehen leicht nach oben, du zeigst deine Zähne und deine Augen strahlen vor Freude und Glück.

Vielleicht sind deine Wangen rosig, vielleicht sind deine Zähne weiß und du lachst. Stelle dir alles so bildlich vor, wie du kannst, und verknüpfe es, wenn es dir hilft, mit anderen Reizen. Beispielsweise kannst du im Hintergrund dein Lieblingslied oder einen hellen Glockenton hören.

Schritt 2: Deine Körperhaltung

Zoome nun in Gedanken aus deinem Gesicht zu deinem Körper und stelle dir eine neutrale Körperhaltung vor. Wie stehst du jetzt? Vielleicht sind deine Hände über der Brust gekreuzt oder sie liegen locker an den Seiten an. Aber wie wäre eine freudige Körperhaltung? Das kann variieren: Manche Menschen verbinden Freude mit Offenheit und sehen ihre Arme weit vom Körper gestreckt. Vielleicht drehst du dich sogar im Kreis? Andere Menschen verbinden Freude mit Vorfreude und mit zusammengedrückten Handflächen, hochgezogenen Schultern und eventuell hüpfst du einmal hoch und runter, weil du es gar nicht glauben kannst, wie glücklich du bist. Stelle fest, wie du glücklich aussehen würdest, und verknüpfe auch hier das Bild, wenn du magst, mit dem hellen Glockenton oder deinem Lieblingslied.

Schritt 3: Deine Sinne

Fokussiere dich nun auf deine Sinne: Was hörst du, wenn du glücklich bist? Ist es vielleicht dein eigenes Lachen? Und was siehst du, wenn du glücklich bist? Vielleicht die strahlende Sonne oder deine Familie, die zu dir zurücklacht? Was könntest du schmecken? Vielleicht deinen liebsten Kuchen oder ein leckeres Getränk? Was riechst du, wenn du glücklich bist? Vielleicht die frischen Blumen um dich herum oder das Shampoo deines Partners?

Und zuletzt: Was fühlst und spürst du, wenn du glücklich bist? Beziehe diesen Sinn nicht nur auf den Tastsinn an sich, mit dem du vielleicht eine warme und weiche Decke spürst oder den Sand unter deinen Fußsohlen, sondern gehe auch auf deine Gefühle ein. Ist da ein Feuerwerk in deiner Brust, das dich vor Aufregung und Freude kaum atmen lässt, oder spürst du eine tiefe innere Ruhe, die dafür sorgt, dass du förmlich vom Boden abhebst und schwebst? Bringe all diese Sinne und Eindrücke zusammen und lasse sie miteinander verschmelzen.

Schritt 4: Deine Umgebung

Stelle dir nun deine Umgebung vor. Wo bist du, wenn du glücklich bist, und bei wem bist du, wenn du glücklich bist? Was für ein Umfeld umgibt dich, wenn du glücklich bist? Beziehe dich hier auf deine Sinne und deine Sinneseindrücke. Wenn du den Erdbeerkuchen auf deiner Zunge schmeckst, stelle ihn dir vor deiner Nase vor, und wenn du das Parfüm deines Liebsten oder deiner Liebsten riechst, dann stelle dir sie oder ihn direkt neben dir vor.

Gehe auf deine tiefsten Wünsche ein und werde dir dessen bewusst, was dich glücklich macht. Stelle dir alles in strahlenden Farben und mit so vielen Details wie möglich vor und verharre in diesem Bild und in deiner traumhaften Umgebung.

Schritt 5: Deine Herangehensweise

Zu guter Letzt sollst du auf deine innere Haltung eingehen. Die innere Haltung, die du in deiner Traumwelt hast, muss nicht mit der inneren Haltung übereinstimmen, die du jetzt gerade hast. Es soll deine ideale innere Haltung sein.

Welche innere Haltung hättest du, wenn du glücklich wärst? Mit welcher inneren Haltung bist du glücklich und welche innere Haltung könnte dich direkt zum Glücklichsein tragen? Eventuell akzeptierst du dich und deine Umwelt. Vielleicht hoffst du und bist optimistisch. Du bist davon überzeugt, dass die Zukunft viele schöne Dinge für dich bereithält und dass du alles schaffst, was du schaffen möchtest. Verharre nach der Visualisierung noch für eine halbe Minute und präge dir das Bild von dir selbst und deiner Umgebung ein. Speichere es ab und jedes Mal, wenn du nicht weißt, wie du jemals wieder glücklich sein sollst, hole das Bild hervor und zeige es dir selbst als eine Erinnerung an das, was sein könnte.

Nutze deinen Körper und seine Mechanismen als Unterstützer

Psychologische Wissenschaftler haben herausgefunden, dass unser Körper etwas zu unserer Stimmung beitragen kann. So kann gezwungenes Lächeln nach einer Zeit zu einem richtigen Lächeln werden und eine gerade Körperhaltung für mehr Selbstbewusstsein sorgen.

MIT DER EMBODIMENT-TECHNIK ZUM GLÜCK

Der theoretische Ansatz des Embodiment hat schon oft zeigen können, dass der Körper und der Geist gemeinsam leichter zum Glück finden als getrennt. So können verschiedene Körperhaltungen zu unterschiedlichen Emotionen werden. Hier lernst du die wichtigsten Haltungen kennen, mit denen du deine eigene Stimmung schnell verbessern kannst:

Das gezwungene Lächeln und Lachen

Ein Lächeln ist ein universelles Zeichen von Freude und Glück. Es sagt aus, dass man zufrieden ist, sich gerade amüsiert und sich über etwas oder jemanden freut. Das Lachen ist ein weiterer Schritt und wird neben einem weiten Grinsen von Tönen begleitet. Es ist ein spontaner Ausruf des Glücks, der Freude oder der Überraschung.

Wir lachen bei Witzen, in glücklichen Situationen, die uns Freude bringen, oder wenn wir etwas oder jemanden sehen, den wir mögen und aufheitern wollen. Lachen ist ansteckend und lässt uns gleich sympathisch wirken. Doch oft fällt das Lachen schwer, wenn man es eigentlich bräuchte. Man findet keinen Anlass zum Lächeln und hat seine Mundwinkel lieber nach unten gezogen. Ein Tipp des Embodiment-Ansatzes ist das gezwungene Lächeln und das gezwungene Lachen. Wissenschaftler haben bereits bestätigen können, dass durch den Mechanismus der Muskeln Glückshormone freigesetzt werden, die die Stimmung erhellen.

Versuche es selbst und grinse so weit und breit, wie du kannst. Dafür brauchst du keinen Anlass. Auch wenn du dich zunächst merkwürdig fühlst, halte durch und warte auf den Nachschub an Glückshormonen. Auch gezwungenes Lachen kann helfen. Zur Hilfe kannst du dir ein lustiges Video ansehen oder dich darüber lustig machen, wie du gerade wohl aussehen musst.

Der aufrechte Gang und das gerade Sitzen

In vielen Situationen sehen wir zunächst, wie uns eine andere Person entgegenkommt. Und der erste Eindruck zählt: Sehen wir, dass sich die Person nach vorn gebeugt und mit wenig Spannung im Körper bewegt, gehen wir davon aus, dass sie weder Lust noch Energie hat.

Das macht nicht nur einen schlechten Eindruck, sondern auch miese Stimmung. Auch hier hat der Körper etwas zur Stimmung beizutragen. Möchte man stattdessen für gute Stimmung und den extra Schub an Selbstbewusstsein sorgen, kann man sich dazu zwingen, aufrecht und gerade zu gehen und zu sitzen. Das ist nicht nur gut für die Stimmung, sondern auch für den Rücken.

Probiere es selbst und setze dich gerade hin. Wenn du das nächste Mal aufstehst, achte darauf, dass deine Schultern gespannt und etwas unten nach hinten gestreckt sind. Zwinge dich zu dieser Haltung für einige Zeit und beobachte deine Stimmung und dein Selbstbewusstsein. Sicher bemerkst du eine Veränderung.

Die offene Haltung

Freude und Offenheit gehören für viele Menschen zusammen. Deswegen gehört auch eine offene Haltung zu den Glückshaltungen im Embodiment-Ansatz.

Eine offene Körperhaltung zeichnet sich dadurch aus, dass du keine Körperteile wie Arme und Beine gekreuzt hast. Die Arme verstecken nicht die Brust und die Handflächen zeigen meist zur anderen Person. Diese Haltung symbolisiert anderen, dass man offen für Ideen, Meinungen und Emotionen ist. Auch kann es dazu führen, dass man sich selbst positiver, fröhlicher, lockerer und leichter fühlt.

Versuche es selbst und breite deine Arme aus. Übertreibe die Haltung gern und umarme einen unsichtbaren Baum oder eine Person vor dir. Achte darauf, dass deine Beine, Finger und Arme nicht überkreuzt sind. Reiße deinen Mund weit auf und konzentriere dich auf die Emotionen, die du nun empfindest. Was ändert sich in deiner Wahrnehmung?

Fake it 'til you make it

Der allgemeine Ansatz der Embodiment-Technik ist, dass man es gern erst nur nachahmen kann. Es ist nicht schlimm, wenn das Lächeln zunächst nicht echt ist oder wenn man aufrechter und selbstbewusster geht, als man sich eigentlich fühlt.

Die Emotionen und Einstellungen kommen oft erst nach einer Weile. Trainiere die Embodiment-Technik jeden Tag und sobald du dich im Alltag dabei erwischst, wie du mit schlaffen Schultern und angestrengtem Gesichtsausdruck durch die Welt läufst, korrigiere deine Haltung, bis das Gefühl der Selbstsicherheit und des Glücks wiederkommt.

Achte auf dein Umfeld und deine Mitmenschen

Wenn es uns Menschen schlecht geht und die Lebensfreude fehlt, passiert es schnell, dass wir wie eine verängstigte Schildkröte unseren Kopf einziehen und erst einmal mit uns selbst wieder klarkommen müssen. Das scheint zunächst sehr logisch: Das Problem liegt bei uns und in unserer Wahrnehmung und Motivation, also sollten wir uns Gedanken um uns machen und mit uns selbst arbeiten.

Doch das Zurückziehen sorgt meist nur für Gedankenkreise, die nicht aufhören und sich immer weiter ausbreiten. Das Problem auf der Arbeit wird plötzlich zum Problem mit der Familie und zum Problem mit dem allgemeinen Lebensziel und Sinn des eigenen Daseins. Die Depression ist in solchen Fällen nicht weit und bald kommt man morgens schlechter aus dem Bett und hat zu nichts mehr Lust. Schon gar nicht darauf, sich mit anderen zusammenzusetzen und zu beschäftigen.

Doch das Zusammensein mit anderen Menschen hat heilende Qualitäten: Auch wenn einige Menschen das Alleinsein bevorzugen und eher introvertiert als extrovertiert sind, hilft es oft, mal aus seinem Schildkrötenpanzer zu kommen und sich in Bewegung zu setzen. Allein das Gefühl, von Menschen umgeben zu sein, kann da schon helfen. Man muss also nicht gleich eine wilde Party besuchen. Es reicht ein Besuch im Stadtpark oder ein Ausflug in das nächste Einkaufszentrum. Hier hat man auch die Möglichkeit den Blick nach außen zu richten.

Anstatt für sich zu brüten, in seinem Kopf Purzelbäume zu schlagen und den Teufel an die Wand zu malen, kann man andere Menschen beobachten. Hier sieht man, wie sich andere verhalten, was andere sagen und wie Menschen miteinander umgehen. Das scheint zunächst banal und langweilig, ist aber nicht nur eine gute Beschäftigung, sondern auch hilfreich. Für einen kurzen Augenblick liegt der Fokus auf der Umwelt und auf den Mitmenschen. Man selbst ist nicht mehr der Dreh- und Angelpunkt des Universums und das kann erleichtern, selbst wenn es nur für einige Minuten ist.

TIPPS FÜR DEN BLICK NACH AUSSEN

Es folgen nun fünf einfache Tipps, um den Blick nach außen zu schärfen und langfristig für ein besseres Verständnis der Mitmenschen und des Umfelds zu sorgen. Sieh die Tipps wie immer als Vorschläge an, die du querbeet anwenden und ausprobieren kannst.

Tipp 1: Suche öffentliche Plätze auf

Um Menschen zu sehen oder anzutreffen, solltest du dorthin gehen, wo sich die meisten Menschen aufhalten. Das kann der nächste öffentliche Platz, der Supermarkt oder der Stadtpark sein. Wenn du dich komisch fühlst, gezielt Plätze aufzusuchen, verpacke das Ganze, um es natürlicher zu machen: Du kannst beispielsweise einen Rückweg von der Arbeit nehmen, der dich an Orten vorbeiführt, wo sich oft andere Menschen herumtreiben.

Auch kannst du den Einkauf dazu nutzen, nicht nur Lebensmittel zu kaufen, sondern auch andere Personen zu beobachten. Zudem solltest du dir darüber klar sein, dass es nichts Ungewöhnliches ist, andere Personen zu beobachten. Menschen sind soziale Wesen und neigen in den meisten Fällen sowieso dazu, andere zu beobachten, wenn sie sie sehen. Es ist deswegen auch nicht merkwürdig, wenn du dies bewusst tust und es dir gezielt vornimmst.

Tipp 2: Unterhalte dich kurz mit Fremden

Eine schöne Übung, um auf sein Umfeld und seine Mitmenschen zu achten, ist es, sich mit fremden Menschen oder Nachbarn zu unterhalten. Das kann beim Gassigehen, beim Spaziergang oder an der Supermarktkasse sein. Es muss keine lange Unterhaltung sein und das Thema muss nicht tiefgründig sein, doch probiere es einfach selbst aus: Unterhalte dich für einige Augenblicke mit einer Person, die du nicht oder kaum kennst.

Du wirst merken, dass es deinen Tag verschönern kann und oft auch deinen Horizont erweitert. Es bringt dich aus deinem Kopf in das Hier und Jetzt. Für einen kurzen Augenblick unterhältst du dich mit einer Person, die so gut wie nichts über dich weiß. Das kann sehr erfrischend sein.

Tipp 3: Beobachte deine Familie und Freunde

Wenn es dir nicht behagt, fremden Menschen zuzusehen, oder wenn du dich nicht einfach auf einen öffentlichen Platz stellen willst, kannst du stattdessen auch deine Freude und deine Familie beobachten. Um etwas über andere Menschen zu lernen und vor allem seinen Blick weiter nach außen zu richten, muss man sich mit den Personen nicht immer unterhalten.

Oft reicht es auch, einfach neben ihnen zu sitzen, ihnen beim Sprechen mit anderen zuzuhören oder ihr Verhalten zu beobachten. Fallen dir beispielsweise kleine Verhaltensweisen auf, die nur in bestimmten Situationen auftauchen? Fällt dir ein Muster in der Sprache bei den anderen auf oder eine Eigenart? Konzentriere dich für einige Minuten einmal nur auf deine Mitmenschen und nicht auf dich und deine Gedanken.

Tipp 4: Hilf anderen bei ihren Problemen

Du kannst auch einen Schritt weitergehen und anderen Menschen direkt bei ihren Problemen helfen. Dies kannst du auf viele Arten und Weisen tun: Du kannst fremden Personen einen Weg erklären oder deiner Mutter im Haushalt helfen.

Eventuell brauchen andere auch deinen Rat. Das einfachste ist, hier einfach nachzufragen und sich zu erkundigen, ob alles in Ordnung ist und ob du mit irgendeiner Sache helfen kannst. Du wirst schnell erkennen, dass viele Personen nicht auf die Idee kommen, nach Hilfe zu fragen, und sich umso mehr darüber freuen, wenn sie direkt gefragt werden.

Tipp 5: Engagiere dich sozial und freiwillig

Auch kannst du dich in einer Organisation um andere Menschen oder Tiere kümmern. Zeige deine Liebe und Empathie mit deinem Einsatz für andere. Sei für andere da und hilf mit, wo du kannst. Setze dich für Minderheiten ein, für Menschen in Not oder für Tiere. Das kannst du auf verschiedene Arten tun.

Du kannst einer Organisation beitreten und etwas spenden. Du kannst aber auch einen Kuchen für ein Event backen oder direkt in der Suppenküche oder im Tierheim aushelfen. Sei nicht schüchtern und trau dich, Mitglieder verschiedener Organisationen zu fragen. Freiwillige werden immer gebraucht.

Die Säulen der Lebensfreude: Das Workbook zum Ratgeber

Mit diesem Workbook sollst du selbst aktiv werden. Hier lernst du das Wissen, das dir im Ratgeber vermittelt wurde, von seiner praktischen Seite kennen. In den elf Aufgaben vertiefst du dein Wissen und deine Reflexionskraft. Du gehst erneut auf die Schritt-für-Schritt-Anleitungen des Buches ein oder lernst die Themen des Buches durch ganz neue Übungen kennen. In diesem Buch sollst du deine eigenen und individuellen Erfahrungen sammeln und sie in den Protokollen und Tabellen eintragen.

Nicht alle Übungen musst du gleichzeitig ausführen. Viele Übungen reichen über eine oder sogar zwei Wochen hinweg. Es bietet sich deswegen an, nur eine oder zwei Übungen gleichzeitig zu machen, um den Überblick nicht zu verlieren und so gut wie möglich reflektieren zu können, welche Übungen dir die meiste Lebensfreude bringen.

Zudem gibt es nicht zu jedem Kapitel des Buches eine Übung. Zu manchen Kapiteln findest du in diesem Workbook mehrere Übungen oder auch nur eine. Manche Übungen dauern eine oder zwei Wochen, andere kannst du an einem Nachmittag leicht ausfüllen.

Das hier ist kein schulisches Workbook. Du kannst die Übungen chronologisch machen oder kreuz und quer bearbeiten. Auch bist du nicht dazu verpflichtet alle Übungen zu machen. Stelle jedoch sicher, dass du Übungen nicht vermeidest, weil du sie unangenehm findest: Vermeidung verhindert Lebensfreude.

Alle Übungen kannst du allein durchführen. Du kannst dich aber auch mit Freunden und Familienmitgliedern über deine Erfahrungen austauschen. Die meisten Übungen kannst du zu Hause durchführen. Für einige bietet es sich jedoch an sie unterwegs zu machen.

Auf der letzten Seite des Workbooks erwartet dich eine Seite, auf der du die Arbeit mit dem Workbook reflektieren und einschätzen sollst, wie viel dir die einzelnen Übungen gebracht haben. Du kannst die Seite entweder nach jeder Beendigung einer Übung ausfüllen oder bis zum Schluss damit warten.

Viel Spaß und Erfolg beim Arbeiten mit deinem Workbook!

AUFGABE 1: AKTIVITÄTENAUFBAU

Aktivitätensammlung schreiben

Mit dieser Übung schreibst du deine eigene Aktivitätenliste. Fülle einfach die folgende Tabelle aus und lasse dich von deinen eigenen Hobbys und Leidenschaften inspirieren. Denke aber auch an die Dinge, die du vielleicht noch nie ausprobiert hast. Welche von diesen neuen Dingen könnten dir Spaß machen?

Entspannung	Aktiv sein	Ablenkung und Spaß
Baden		Puzzeln
	Laufen gehen	
Tee trinken		
	Schwimmen	
		Sudoku
Meditieren		

Aktivitäten ausprobieren und reflektieren

Suche dir aus jeder Spalte jeweils zwei bis drei Aktivitäten heraus und probiere sie aus. Notiere hier deine Gefühle und ob du dir vorstellen kannst, diese Aktivität öfter zu machen.

Entspannung:

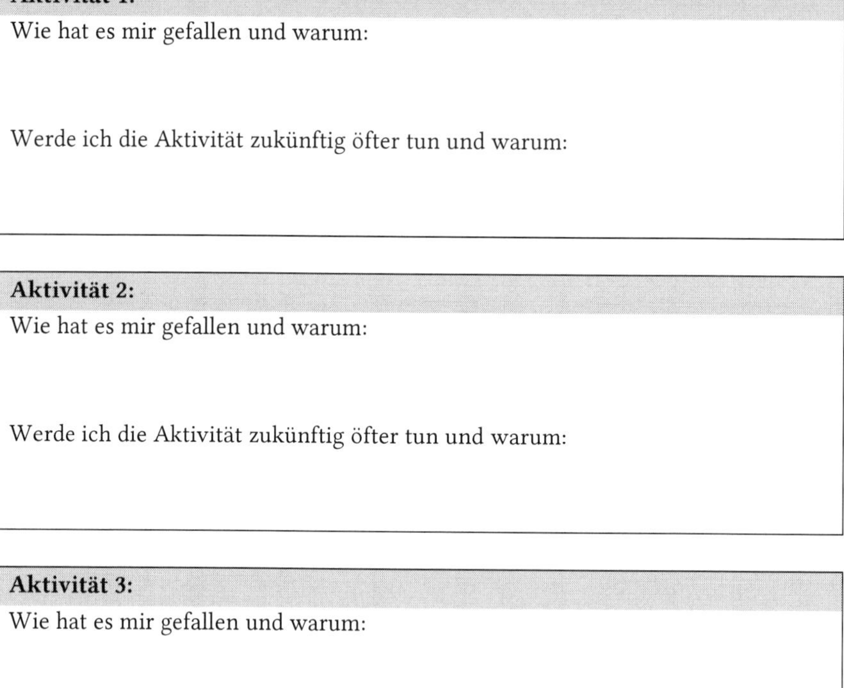

Aktivität 1:
Wie hat es mir gefallen und warum:
Werde ich die Aktivität zukünftig öfter tun und warum:

Aktivität 2:
Wie hat es mir gefallen und warum:
Werde ich die Aktivität zukünftig öfter tun und warum:

Aktivität 3:
Wie hat es mir gefallen und warum:
Werde ich die Aktivität zukünftig öfter tun und warum:

Aktiv sein:

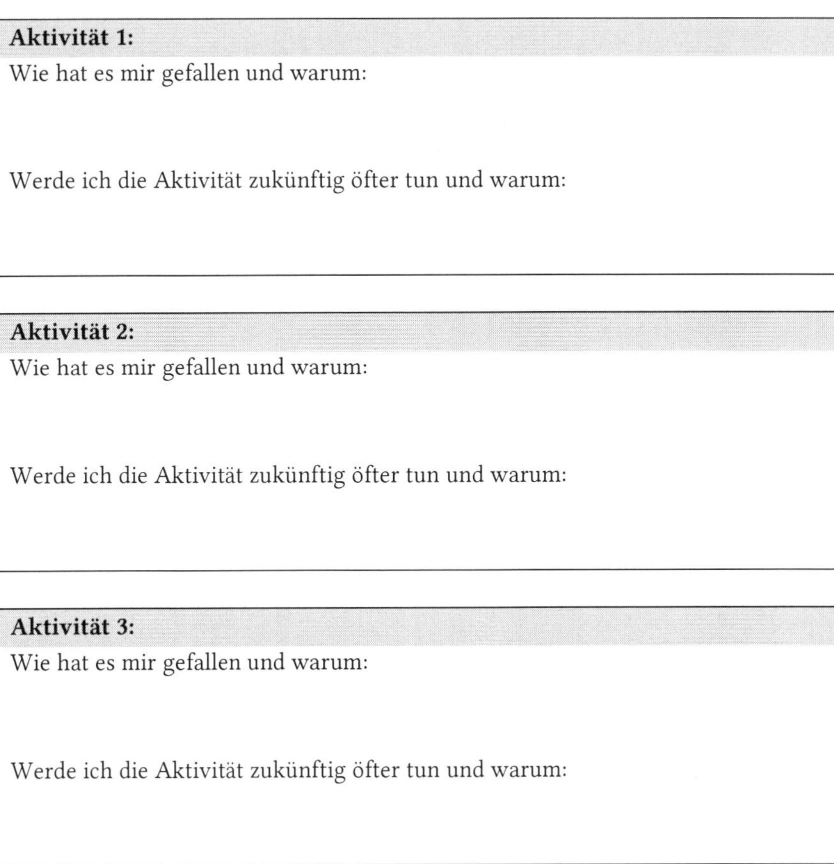

Aktivität 1:

Wie hat es mir gefallen und warum:

Werde ich die Aktivität zukünftig öfter tun und warum:

Aktivität 2:

Wie hat es mir gefallen und warum:

Werde ich die Aktivität zukünftig öfter tun und warum:

Aktivität 3:

Wie hat es mir gefallen und warum:

Werde ich die Aktivität zukünftig öfter tun und warum:

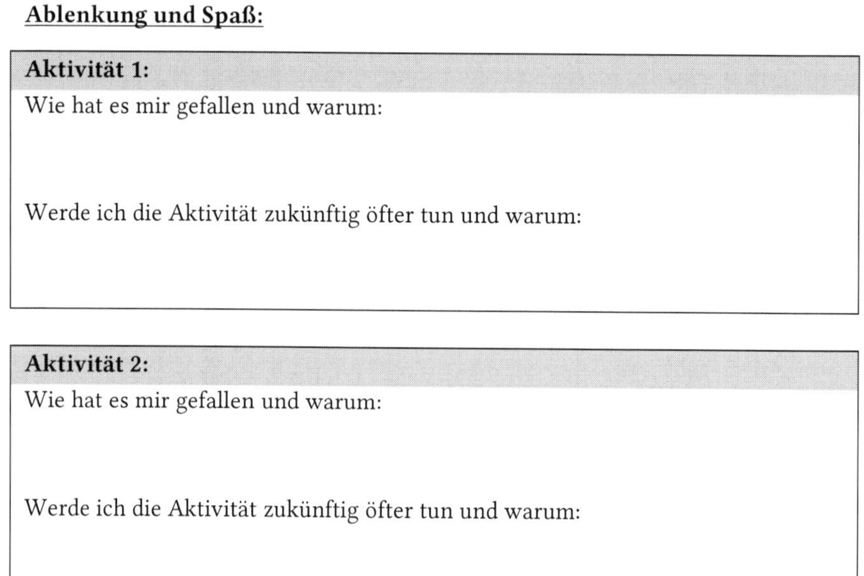

Ablenkung und Spaß:

Aktivität 1:

Wie hat es mir gefallen und warum:

Werde ich die Aktivität zukünftig öfter tun und warum:

Aktivität 2:

Wie hat es mir gefallen und warum:

Werde ich die Aktivität zukünftig öfter tun und warum:

Aktivität 3:

Wie hat es mir gefallen und warum:

Werde ich die Aktivität zukünftig öfter tun und warum:

AUFGABE 2: TAGESABLAUF UND REFLEXION

Um herauszufinden, für wen und was du eigentlich lebst und welche Aktivitäten dir guttun, folgt nun eine Übung, die dir dabei helfen soll, den eigenen Tagesablauf zu reflektieren.

Trage in die folgende Tabelle für eine Woche ein, was du tust, warum du es tust und welches Gefühl diese Aktivität in dir auslöst.

Tag 1:

Wochentag:

Tageszeit	Aktivitäten	Grund	Gefühle und Gedanken
Morgens Von: Bis:			
Vormittags Von: Bis:			
Mittags Von: Bis:			
Nachmittags Von: Bis:			
Abends Von: Bis:			

Tag 2:

Wochentag:

Tageszeit	Aktivitäten	Grund	Gefühle und Gedanken
Morgens Von: Bis:			
Vormittags Von: Bis:			
Mittags Von: Bis:			
Nachmittags Von: Bis:			
Abends Von: Bis:			

Tag 3:

Wochentag:

Tageszeit	Aktivitäten	Grund	Gefühle und Gedanken
Morgens Von: Bis:			
Vormittags Von: Bis:			
Mittags Von: Bis:			
Nachmittags Von: Bis:			
Abends Von: Bis:			

Tag 4:

Wochentag:

Tageszeit	Aktivitäten	Grund	Gefühle und Gedanken
Morgens Von: Bis:			
Vormittags Von: Bis:			
Mittags Von: Bis:			
Nachmittags Von: Bis:			
Abends Von: Bis:			

Tag 5:

Wochentag:

Tageszeit	Aktivitäten	Grund	Gefühle und Gedanken
Morgens Von: Bis:			
Vormittags Von: Bis:			
Mittags Von: Bis:			
Nachmittags Von: Bis:			
Abends Von: Bis:			

Tag 6:

Wochentag:

Tageszeit	Aktivitäten	Grund	Gefühle und Gedanken
Morgens Von: Bis:			
Vormittags Von: Bis:			
Mittags Von: Bis:			
Nachmittags Von: Bis:			
Abends Von: Bis:			

Tag 7:

Wochentag:

Tageszeit	Aktivitäten	Grund	Gefühle und Gedanken
Morgens Von: Bis:			
Vormittags Von: Bis:			
Mittags Von: Bis:			
Nachmittags Von: Bis:			
Abends Von: Bis:			

AUFGABE 3: JEMANDEN UND ETWAS LIEBEN

Beschreibe in ein paar Sätzen eine Situation, in der du gemerkt hast, dass du eine Person oder eine Tätigkeit liebst. Welche Gefühle hast du gespürt? Welche körperlichen Empfindungen hat das mit sich gebracht?

Situation 1: Eine Person lieben

- Um wen geht es:
- Wo war es:
- Was hast du innerlich gespürt:
- Was hast du körperlich gespürt:
- Wie hast du dich verhalten:

Situation 2: Eine Tätigkeit lieben

- Um was geht es:
- Wo war es:
- Was hast du innerlich gespürt:
- Was hast du körperlich gespürt:
- Wie hast du dich verhalten:

AUFGABE 4: GLAUBE UND HOFFNUNG

Eigene Glaubenssätze

Arbeite weiter mit deinen neuen Glaubenssätzen, die du in der Schritt-für-Schritt-Anleitung im Buch erstellt hast. Trage nun deine gefundenen Stärken, Fähigkeiten und Potenziale in die folgende Tabelle ein, um einen klaren Überblick zu haben.

Was du hast und was du kannst	Was das genau für dich bedeutet	Wie du diese Ressourcen bereits nutzt
Stärken & Fähigkeiten		
Fertigkeiten & Gelerntes		
Potenziale		

Protokoll: Finde einen weiteren Glauben

Nicht nur an man selbst kann man glauben. Wie bereits im Buch erklärt wurde, gibt es auch andere Möglichkeiten neu zu einem Glauben zu kommen. Probiere jeweils die verschiedenen vorgestellten Möglichkeiten aus und erkläre, wie und ob sie dir geholfen und gefallen haben.

Bereich des Glaubens	Deine Erfahrungen	Feedback und Reflexion
Religion		
Politik		
Ehrenamtliche soziale Organisationen		
Tier- und Umweltschutz		

AUFGABE 5: DAS AKTIVE HOFFEN

Beim aktiven Hoffen geht es darum, sein Schicksal selbst in die Hand zu nehmen. In den folgenden drei Schritten wirst du deinen Träumen freien Lauf lassen, die Verwirklichung planen und schließlich an die Arbeit gehen.

Träumen freien Lauf lassen

Dein Traum kurz und knapp	Beschreibe Details, die dich begeistern	Welches Bedürfnis wird mit der Erfüllung des Traums gestillt?

Plane die Verwirklichung deines Traumes

Dein Traum	Ressourcen, die gebraucht werden	Bereits vorhandene Ressourcen	Ressourcen, die du noch besorgen musst

Setze deinen Traum in die Tat um

Dein Traum	Was tust du?	Wo tust du es?	Warum tust du es?

AUFGABE 6: LERNE WIEDER ZU TRÄUMEN

Dein Tagtraum-Tagebuch

Wenn man in der Vergangenheit viel Energie darauf verwendet hat, nicht mehr in Tagträumen zu versinken, kann es schwer sein wieder damit zu beginnen. Aber auch, wenn man eigentlich nicht zum Tagträumen neigt, ist es schwierig einen Impuls zu fühlen, der einem beim Tagträumen hilft. Diese Aufgabe soll dich dabei begleiten, sieben Tage lang deine Tagträume zu dokumentieren und einzuleiten. Vergleichbar ist das Tagtraum-Tagebuch mit einem normalen Tagebuch für die Träume in der Nacht.

Du musst keine Essays schreiben und kannst auch nur einzelne Stichpunkte notieren. Wenn du etwas in deinen Tagtraum eingebaut hast, das schwer nachzuvollziehen oder unlogisch ist, kannst du es weglassen oder trotzdem notieren. Das ist allein dir überlassen. Wenn du nicht eigenständig tagträumst, fordere dich bewusst für einige Minuten des Tages dazu auf. Es müssen keine langen oder komplizierte Träume sein.

Tag 1:
Wo ich zum Zeitpunkt des Traumes wirklich war: Wo ich im Traum war: Was ich gesehen, gehört und gespürt habe: Wie angenehm mir der Traum war und ob er mit dem Alltagsstress geholfen hat:

Tag 2:
Wo ich zum Zeitpunkt des Traumes wirklich war:
Wo ich im Traum war:
Was ich gesehen, gehört und gespürt habe:
Wie angenehm mir der Traum war und ob er mit dem Alltagsstress geholfen hat:

Tag 3:
Wo ich zum Zeitpunkt des Traumes wirklich war:
Wo ich im Traum war:
Was ich gesehen, gehört und gespürt habe:
Wie angenehm mir der Traum war und ob er mit dem Alltagsstress geholfen hat:

Tag 4:
Wo ich zum Zeitpunkt des Traumes wirklich war:
Wo ich im Traum war:
Was ich gesehen, gehört und gespürt habe:
Wie angenehm mir der Traum war und ob er mit dem Alltagsstress geholfen hat:

Tag 5:

Wo ich zum Zeitpunkt des Traumes wirklich war:

Wo ich im Traum war:

Was ich gesehen, gehört und gespürt habe:

Wie angenehm mir der Traum war und ob er mit dem Alltagsstress geholfen hat:

Tag 6:

Wo ich zum Zeitpunkt des Traumes wirklich war:

Wo ich im Traum war:

Was ich gesehen, gehört und gespürt habe:

Wie angenehm mir der Traum war und ob er mit dem Alltagsstress geholfen hat:

Tag 7:

Wo ich zum Zeitpunkt des Traumes wirklich war:

Wo ich im Traum war:

Was ich gesehen, gehört und gespürt habe:

Wie angenehm mir der Traum war und ob er mit dem Alltagsstress geholfen hat:

Die Reflexion nach der Woche: Wie war das Tagträumen?

Beantworte folgende Fragen zu deiner letzten Woche:

Hat sich vom Beginn der Woche zum Ende hin etwas verändert?

Wie gestresst warst du diese Woche?

Haben dir die Tagträume Spaß gemacht?

Kannst du dir vorstellen, öfter Tag zu träumen?

AUFGABE 7: LERNE WIEDER SPASS ZU HABEN

Um zu lernen, wie man wieder mehr Spaß in das eigene Leben bringt, kann man einige Dinge tun und berücksichtigen. Probiere in der folgenden Woche alle Sachen einmal aus und ziehe dein persönliches Fazit daraus.

Durchbrich den Alltagstrott
Was ich gemacht habe:
Wie ich es gemacht habe:
Wie es sich angefühlt hat:
Ob ich es noch einmal machen werde:

Tue etwas Unerwartetes
Was ich gemacht habe:
Wie ich es gemacht habe:
Wie es sich angefühlt hat:
Ob ich es noch einmal machen werde:

Tue etwas Neues

Was ich gemacht habe:

Wie ich es gemacht habe:

Wie es sich angefühlt hat:

Ob ich es noch einmal machen werde:

Gönne dir eine Auszeit

Was ich gemacht habe:

Wie ich es gemacht habe:

Wie es sich angefühlt hat:

Ob ich es noch einmal machen werde:

Albere herum

Was ich gemacht habe:

Wie ich es gemacht habe:

Wie es sich angefühlt hat:

Ob ich es noch einmal machen werde:

Tue etwas, was nichts bringt ... außer Freude
Was ich gemacht habe:

Wie ich es gemacht habe:

Wie es sich angefühlt hat:

Ob ich es noch einmal machen werde:

Triff dich mit Freunden
Was ich gemacht habe:

Wie ich es gemacht habe:

Wie es sich angefühlt hat:

Ob ich es noch einmal machen werde:

Erfinde dich selbst neu
Was ich gemacht habe:

Wie ich es gemacht habe:

Wie es sich angefühlt hat:

Ob ich es noch einmal machen werde:

Sage Nein zum alltäglichen Grau

Was ich gemacht habe:

Wie ich es gemacht habe:

Wie es sich angefühlt hat:

Ob ich es noch einmal machen werde:

Höre auf dein inneres Kind

Was ich gemacht habe:

Wie ich es gemacht habe:

Wie es sich angefühlt hat:

Ob ich es noch einmal machen werde:

AUFGABE 8: BEWEGE DICH MIT FREUDE UND SPASS

Trage in die folgende Tabelle ein, welche Sportarten und Sportweisen du ausprobiert hast und inwiefern sie dir Freude bereitet und dich körperlich gefordert haben. Hier geht es nicht darum, fit und athletisch zu werden oder Gewicht zu verlieren. Konzentriere dich einzig und allein auf den Faktor der Freude und des Körpergefühls. Bewerte in der Tabelle deine Freude und die körperlichen Anforderungen auf einer Skala von 1 bis 6.

1: Freude: sehr niedrig, eher nur belastend — Körper: viel zu anstrengend

2: Freude: eher niedrig — Körper: eher an der Grenze

3: Freude: ab und zu — Körper: ab und zu anstrengend

4: Freude: öfter mal — Körper: öfter mal anstrengend

5: Freude: viel Freude — Körper: genug Anstrengung

6: Freude: sehr viel und durchgehend — Körper: ideale Anstrengung

Sportart, Richtung oder Bewegungsweise	Freude & Spaß	Körperliche Forderung	Nähere Reflexion

AUFGABE 9: GENIESSE ALL DEINE SINNE

Eventuell hast du schon die weiteren Übungen zu den Sinneserfahrungen gemacht, die im Buch aufgeführt wurden. Auch wenn dies der Fall ist, soll es bei dieser Sechs-Tage-Übung darum gehen, dass du dich auf deine einzelnen Sinne konzentrierst. Fange am besten gleich heute an und trage deine Sinneserfahrungen, den Kontext und die Wirkung auf dich in das Protokoll ein.

Tag 1: Sehen

Sinneserfahrung:

Kontext:

Wirkung auf den eigenen Geist:

Reflexion der Übung:

Tag 2: Hören

Sinneserfahrung:

Kontext:

Wirkung auf den eigenen Geist:

Reflexion der Übung:

Tag 3: Riechen

Sinneserfahrung:

Kontext:

Wirkung auf den eigenen Geist:

Reflexion der Übung:

Tag 4: Schmecken
Sinneserfahrung:

Kontext:

Wirkung auf den eigenen Geist:

Reflexion der Übung:

Tag 5: Fühlen und Tasten
Sinneserfahrung:

Kontext:

Wirkung auf den eigenen Geist:

Reflexion der Übung:

Tag 6: Alle Sinne vereint
Sinneserfahrungen/Situation:

Kontext:

Wirkung auf den eigenen Geist:

Reflexion der Übung:

AUFGABE 10: SETZE DIR ZIELE

Das SMARTe Ziel

Im Kapitel über das Setzen von Zielen hast du bereits gelernt, dass Ziele SMART sein sollten. Übertrage diese Regel nun auf eines deiner Ziele und überprüfe, ob du es eventuell verändern oder umschreiben solltest.

Mein Ziel:

Bedeutungen von SMART	Übertragung auf das Ziel
Spezifisch	
Messbar	
Attraktiv	
Realistisch	
Terminiert	

Nach einer Niederlage

Es passiert immer wieder, dass man sein Ziel nicht erreicht. Doch anstatt daraufhin gleich den Kopf in den Sand zu stecken und zu behaupten, dass man es sowieso nie geschafft hätte, kann man mit dem SMART-Modell sein Ziel ganz einfach erreichen, indem man die Formulierung des Ziels oder die Herangehensweise an das Ziel ändert. Die folgende Tabelle kannst du als fiktive Übung sehen. Du kannst sie aber auch nach einer realen „Niederlage“ verwenden und sie dafür nutzen, dein Ziel doch noch zu erreichen.

Mein Ziel war:

Umformuliertes Ziel:

Bedeutung von SMART	Bisheriger Umgang und Schwierigkeiten	Umformulierungen und Umdenken
Spezifisch		
Messbar		
Attraktiv		
Realistisch		
Terminiert		

AUFGABE 11: DAS LEBEN IST EIN GESCHENK

Im Buch wird Schritt für Schritt der Prozess erklärt, der dir dabei helfen soll, dir bewusst zu machen, dass das Leben ein Geschenk ist. Mithilfe der folgenden Tabelle sollst du diese Schritte nun in die Tat umsetzen. Du kannst die Felder mit Stichworten oder Sätzen füllen. Lasse dir bei dieser Aufgabe etwas mehr Zeit und hetze dich nicht selbst durch die Punkte, da du so leicht etwas vergessen kannst.

Mein Leben ist ein Geschenk, weil ...	Ich würde es nicht umtauschen, weil ...
... ich hier bin.	
... ich selbst bin.	
... ich so bin, wie ich bin.	
... ich diese Dinge und Menschen in meinem Leben habe.	
... ich auch kleine unterschätzte Dinge erkenne.	

AUFGABE 12: ACHTE AUF DEIN UMFELD UND DEINE MITMENSCHEN

Im Buch werden dir fünf Tipps vorgestellt, wie du besser auf dein Umfeld und deine Mitmenschen achten kannst. Nimm dir vor, alle fünf Tipps in den nächsten zwei Wochen mindestens einmal zu beherzigen, und protokolliere im Folgenden deine Erfahrungen mit den einzelnen Tipps und Tricks.

Tipp 1: Suche öffentliche Plätze auf

Hier war ich:

Zu dieser Uhrzeit war ich dort:

Das habe ich mitbekommen:

So habe ich mich währenddessen und danach gefühlt:

Deswegen werde ich es nochmal machen:

Tipp 2: Unterhalte dich kurz mit Fremden

Hier war ich:

So habe ich die Person getroffen:

Darüber haben wir geredet:

So habe ich mich währenddessen und danach gefühlt:

Deswegen werde ich es nochmal machen:

Tipp 3: Beobachte deine Familie und Freunde

Hier waren wir:

Das habe ich beobachtet:

Das hat mir das gezeigt:

So habe ich mich währenddessen und danach gefühlt:

Deswegen werde ich es nochmal machen:

Tipp 4: Hilf anderen bei ihren Problemen

Dieser Person habe ich geholfen:

Das war das Problem:

Diese Lösung haben wir gefunden:

So habe ich mich währenddessen und danach gefühlt:

Deswegen werde ich es nochmal machen:

Tipp 5: Engagiere dich sozial und ehrenamtlich

Hier habe ich mich engagiert:

Das habe ich getan:

So habe ich mich währenddessen und danach gefühlt:

Deswegen werde ich es nochmal machen:

REFLEXION DER ARBEIT MIT DEM WORKBOOK

Allgemeine Gedanken über die Arbeit mit dem Workbook

Wie viel haben dir die einzelnen Aufgaben gebracht?

Bewerte nun alle Aufgaben:

1: Es hat nur sehr wenig gebracht.

2: Es hat eher wenig geholfen.

3: Es hat etwas geholfen. Der Effekt war aber nur kurz.

4: Es hat etwas geholfener Effekt war lange spürbar.

5: Ich habe mehr Lebensfreude.

6: Meine Lebensfreude hat sich stark durch die Übung verbessert.

Aufgabe 1: Aktivitätenaufbau Bewertung: Weitere Gedanken:

Aufgabe 2: Tagesablauf und Reflexion Bewertung: Weitere Gedanken:

Aufgabe 3: Jemanden und etwas lieben Bewertung: Weitere Gedanken:

Aufgabe 4: Glaube und Hoffnung Bewertung: Weitere Gedanken:

Aufgabe 5: Das aktive Hoffen Bewertung: Weitere Gedanken:

Aufgabe 6: Lerne wieder zu träumen Bewertung: Weitere Gedanken:

Aufgabe 7: Lerne wieder Spaß zu haben Bewertung: Weitere Gedanken:

Aufgabe 8: Bewege dich mit Freude und Spaß Bewertung: Weitere Gedanken:

Aufgabe 9: Genieße alle deine Sinne Bewertung: Weitere Gedanken:

Aufgabe 10: Setze dir Ziele Bewertung: Weitere Gedanken:

Aufgabe 11: Das Leben ist ein Geschenk Bewertung: Weitere Gedanken:

Quellenverzeichnis

• Kohl, W. 5 Tipps für mehr Lebensfreude. https://www.youtube.com/watch?v=az9gAxiNO_c (abgerufen am 07.01.2022).

• Tempel, K. Lebenslust: 6 Tipps, um die Freude am Leben neu zu entdecken. https://www.youtube.com/watch?v=KfynCTa9yvw (abgerufen am 07.01.2022).

• Awe, M. Mehr Lebensfreude & Glück erleben. https://www.youtube.com/watch?v=l1tf-mAofPI (abgerufen am 07.01.2022)

• Ahlfeld, B. Die 40 wichtigsten NLP-Techniken für mehr Erfolg in deinem Leben. https://www.zhi.at/news/die-40-wichtigsten-nlp-techniken (abgerufen am 07.01.2022).

• Dreisbach, G. & Horstmann, G. Allgemeine Psychologie 2. Kompakt. Lernen. Emotion. Motivation. Gedächtnis. Beltz Verlag (2017).

• Frings, C. & Wentura, D. Kognitive Psychologie. Basiswissen Psychologie. Springer Verlag (2012).

• Herzberg, P. Y. & Roth, M. Persönlichkeitspsychologie. Springer Verlag (2014).

• Jonas, K. et al. Hrsg. Sozialpsychologie. Springer Verlag (2007).

• Güntürkün, O. Biologische Psychologie. Bachelorstudium Psychologie. Hogrefe Verlag (2012).

• Schmidt, T. & Spering, M. Allgemeine Psychologie 1. Kompakt. Wahrnehmung. Aufmerksamkeit. Denken. Sprache. Beltz Verlag (2017).

• Wild, E. & Möller, J. Pädagogische Psychologie. Springer Verlag (2015).

Wir danken Ihnen für Ihr Interesse und Ihr Vertrauen. Als Dankeschön dafür, haben wir eine besondere Überraschung. Wir haben ein **exklusives 30-Tage-Tagebuch für mehr Selbstbewusstsein** für Sie. Und dieses erhalten Sie vollkommen kostenlos. Das klingt wunderbar? Dann warten Sie nicht lange und holen Sie sich Ihr Gratis-Geschenk.

Hier geht es zu Ihrem Gratis-Geschenk:

https://forms.gle/1FgoVRPyfmn7Pd7E7

1. **Öffnen Sie die Kamera-App auf Ihrem Smartphone und richten Sie die Kamera auf den QR-Code.**
2. **Klicken Sie auf den Link, der Ihnen angezeigt wird und schon werden Sie zur Website weitergeleitet.**

Impressum

Herausgeber: Pegoa Global Media GmbH / Am Sandtorkai 27 / 20457 Hamburg
Kontakt: kontakt@pegoamedia.de
Coverbild: Shutterstock